"LA GUÍA DEFINITIVA PARA VENDER SERVICIOS DE ALTO VALOR"

COBRA
LO QUE
REALMENTE
VALES

4 PASOS PARA DEJAR DE COMPETIR POR
PRECIO Y ATRAER CLIENTES DE ALTO VALOR

Erick Terranova Navarro

Cobra lo que realmente vales

Cuatro pasos para dejar de competir por precio y atraer clientes de alto valor

Erick Terranova Navarro

TAOx Growth Center

Cobra lo que realmente vales

- **Erick Terranova**

© **2024 TAOx Growth Center**

Reservados todos los derechos. Ninguna parte de esta publicación puede reproducirse, almacenarse en un sistema de recuperación o transmitirse de ninguna forma o por ningún medio, electrónico, mecánico, fotocopia, grabación o de otro tipo, sin el permiso previo del editor o de acuerdo con las disposiciones de Copyright, Ley de Diseños y Patentes de 1988 o bajo los términos de cualquier licencia que permita la copia limitada emitida por la Copyright.

Publicado por:
TAOx Growth Center
www.taox.center

Dedicado a todos los que saben que pueden ayudar a los demás con su conocimiento y no se rinden hasta lograrlo.

¿Cómo saber si este libro es para ti?

Tu tiempo es oro, por lo tanto quiero resumirte para quien está enfocado este libro (y para quien no).

Este libro será muy útil para ti si actualmente estás vendiendo tus servicios y sientes que tu crecimiento está estancado por alguna de estas razones (o todas): Sientes que el mercado está muy saturado, que la competencia lo daña con precios cada vez más bajos o que los clientes no valoran realmente tus servicios.

Si estás atrapado en ese círculo vicioso que desencadena en la atracción de clientes tóxicos a los cuales aceptas porque no te queda de otra y quisieras conocer los pasos que necesitas tomar para pasar de esa situación a una en la que puedas atraer clientes de alto valor, escapar de la guerra de precios y posicionarte como una autoridad en tu nicho, entonces estás en el lugar correcto.

Pero tendrás que tomar decisiones, si crees que la situación cambiará sola, entonces no, este libro no es para ti.

¿Qué incluye este libro?

Si estás dispuesto a hacer que las cosas pasen, entonces este libro incluye todas las herramientas que necesitas para avanzar, desde una versión del libro en formato Masterclass para ayudarte a aplicar la metodología, hasta plantillas en cada capítulo que te ayudarán en cada paso del camino.

Por comprar este libro, podrás también acceder a la comunidad privada en la cual podrás participar de sesiones en vivo que te ayudarán a tener claridad y a superar los distintos cuellos de botella que puedan surgir en tu camino hasta el éxito profesional.

Como dije, te daré las herramientas, su uso depende de ti y tus ganas de convertir tu práctica profesional en un sistema escalable, medible y altamente rentable, no solo a nivel económico sino también a nivel emocional.

Contenidos

INTRODUCCIÓN 7
CAPÍTULO I 1
CAPÍTULO 2 10
CAPÍTULO 3 18

El problema de una estrategia centrada en precios bajos. 11

La Ilusión de la demanda masiva y el valor real 16

Concéntrate en los clientes de alto valor. 22

Estrategias para identificar y atraer clientes de alto valor. 27

Superando barreras 30

CAPÍTULO 4

El método TAOx 46

Etapa de Transformación. 51

Etapa de Acción/Aceleración. 76

Etapa de optimización 94

¡Hazlo exponencial! 111

CAPÍTULO 5

¿Qué es lo que sigue? 127

Sobre el autor

Hola! Sory Erick Terranova 131

INTRODUCCIÓN

Durante mi época universitaria, solía decir: "Algún día, cuando me retire, quiero escribir un libro". Tenía esta idea de que para escribir un libro tenía que pasar toda una vida, como una suerte de jubilación profesional.

Con el pasar del tiempo, me di cuenta de que esta idea era un reflejo del síndrome del impostor, esa voz interna que nos dice que aún no estamos listos para cosas grandes y que lo estaremos 'algún día', pero no hoy. Hoy seríamos unos 'impostores' si nos atrevemos a más. ¿Te ha pasado esto? Quizás cuando te invitaron a dar tu primera charla o tu primera clase, normalmente viene acompañado de ansiedad y nervios y una voz en la cabeza que te dice "por gusto te adelantas a hacer estas cosas!".

Luego, empecé a notar este patrón en todo lo que hacía y también en mis clientes (consultores, agencias de marketing y coaches), la mayoría tenía grandes metas de 'algún día', pero con un presente sin atreverse a ser realmente relevantes, con servicios genéricos y cobrando 'lo que se puede'; pero eso si, convenciéndose que estaban ganando experiencia para 'algún día' hacer algo mejor y mientras tanto, estaban atrapados en una relación tóxica con el trabajo: Cobrar poco, trabajar mucho, sentirse esclavos del trabajo, servicios genéricos, clientes genéricos y sin un rumbo fijo.

Noticia: ese 'algún día' no va a llegar a menos que se tomen decisiones decisivas en tiempo presente y te rehúses a caer en el engaño de pensar que el éxito es una curva constante "in crescendo", esto no funciona así, sino todos 'eventualmente' alcanzarían el éxito simplemente por seguir haciendo lo mismo y no es una sorpresa que esto no suceda así, el éxito es la excepción y no la norma, por lo tanto requiere de 'algo' que la mayoría no hace.

Con esto en mente, empecé a tomar decisiones, dejé de escuchar a esa voz que me decía "algún día" y empecé a analizar las características en común de los negocios de marketing que crecían y que parecían 'inmunes' a este efecto que yo tenía de parecer avanzar 'en cámara lenta' (o con la falsa ilusión de avance).

Todo esto que te cuento no sucedió inmediatamente, de hecho mi primera experiencia empresarial en el mundo del marketing digital fue en el año 2013, casi 11 años de aquello y un sinnúmero de aprendizajes y también tropiezos, muchos tropiezos, de hecho perdí muchísimo dinero en experimentación.

Tardé una década en entender qué tuerca apretar, mi revelación fue importante porque aunque yo me sentía con mucha experiencia (una década cuenta), casi la totalidad de mis nuevos clientes llegaron luego del 'ajuste de tuercas', es decir, no me buscaban por mi 'amplia experiencia', sino por aquello nuevo que había descubierto y desarrollado.

Este libro busca ahorrarte ese doloroso viaje que tuve y llevarte directamente a la parte en la que entiendes que decisiones debes tomar para encender la mecha de tu negocio digital y es que al final, dar ese salto no depende del tiempo que lleves en el mercado, sino del enfoque correcto y eso es algo que puedes hacer aunque este sea tu primer año como consultor de Marketing.

Dicho esto, te invito a sentarte conmigo un momento y a charlar como viejos amigos que comparten experiencias y consejos. En mi carrera de más de una década ayudando a empresas a vender por internet, he descubierto algo esencial que muchas veces pasa desapercibido, pero que es crucial para el éxito de cualquier negocio, las tuercas que debes apretar para lograrlo, ¡y te lo comparto en este libro!.

Pero hay un requisito esencial para que esto funcione: debes estar enfocado en la acción y dispuesto a tomar decisiones valientes. Este libro no es solo una colección de ideas y teorías; es un llamado a la acción para crear algo extraordinario. Te proporcionaré las herramientas y los conocimientos, pero al final, serás tú quien construya una verdadera mansión con ellos. Tu disposición para actuar, para dar esos pasos audaces, es lo que transformará tu negocio y tu vida.

Te invito a considerar una alternativa, un enfoque diferente. ¿Qué pasaría si en lugar de luchar por ser el más barato, te enfocarás en atraer a aquellos clientes que valoran tu trabajo y están dispuestos a pagar lo que realmente vale? Esta es la esencia del camino que quiero mostrarte.

Ahora, puede que pienses que cambiar de rumbo es difícil, que se necesita años de experiencia para lograrlo, y que lo mejor es empezar poco a poco. Pero aquí es donde te sorprenderé. A lo largo de este libro, te demostraré que no tienes que esperar años ni contar con una vasta experiencia para iniciar este cambio. Puedes empezar ahora, con los recursos que tienes, y yo te mostraré cómo.

A lo largo de este libro, exploraremos cómo puedes cambiar tu estrategia para atraer a estos clientes de alto valor. Te presentaré la metodología TAOx, un enfoque que he desarrollado basándome en años de experiencia y que ha sido un cambio de juego para muchos negocios. Con ella, podrás escalar tus ventas de una manera predecible, rentable y escalable.

Así que acompáñame en este recorrido. Estoy aquí para guiarte, compartir contigo lo que he aprendido y ayudarte a ver tu negocio y tu rol profesional bajo una luz completamente nueva.

¡Bienvenido a bordo!

CAPÍTULO I

El problema de una estrategia centrada en precios bajos.

La tentadora trampa de cobrar poco

El problema recurrente con el que me he encontrado es la competencia por precio. Muchos piensan que reducir precios es la manera de atraer más clientes. Sin embargo, esta estrategia tiene un lado oscuro. No solo disminuye tus ganancias, sino que también devalúa lo que ofreces. Es una carrera desenfrenada hacia abajo, donde ser el más barato parece lo único importante, pero, ¿es realmente así?

Comprendo por qué muchos profesionales y empresas caen en la tentación de bajar sus precios. En un mundo donde cada cliente potencial parece obsesionado con encontrar la opción más económica, parece lógico querer ser esa opción. Tal vez te sientas identificado con la historia de Laura, una talentosa diseñadora gráfica que conocí hace unos años.

Laura, como muchos, creía que la única manera de entrar en el mercado y ganarse un nombre era ofreciendo sus servicios a precios irrisoriamente bajos. "Es solo al principio", me dijo, "hasta que consiga suficientes clientes y reconocimiento". Sin embargo, esta estrategia inicial trajo consigo una serie de problemas inesperados.

Problema 1: La devaluación de tu trabajo

Cuando cobras menos de lo que vales, envías un mensaje claro al mercado: tu trabajo no es de alto valor. Laura pronto descubrió que sus clientes no solo pagaban poco, sino que también valoraban menos su esfuerzo y creatividad. Se encontró atrapada en un ciclo de trabajo exhaustivo y poco gratificante, donde cada proyecto parecía menospreciar su verdadera habilidad.

Este ciclo no solo afecta la moral y la autoestima, sino que también puede estancar el crecimiento profesional y personal. Laura se encontró atrapada en un bucle de proyectos infravalorados, lo que limitaba su capacidad para buscar oportunidades más alineadas con su verdadero valor. La subestimación constante de su trabajo comenzó a influir en cómo veía su propia habilidad y potencial, creando una brecha entre su verdadera capacidad y la percepción de su valor en el mercado.

Problema 2: Atraer al cliente equivocado

Establecer precios bajos puede llevar a atraer clientes que valoran más el costo que la calidad del trabajo entregado. Laura experimentó este desafío al encontrarse con clientes exigentes en sus requerimientos pero reacios a pagar lo justo por un servicio de calidad. Esta dinámica no solo dificultaba su crecimiento profesional, sino que también la sumergía en constantes negociaciones y la obligaba a justificar el valor de su trabajo una y otra vez.

Este tipo de clientes, lejos de contribuir al desarrollo de su carrera, representaban un lastre que limitaba su progreso. La constante necesidad de defender su trabajo y sus tarifas ante clientes que no valoraban la calidad se convirtió en una fuente de estrés y desmotivación. Para Laura, este ciclo era insostenible y la alejaba de alcanzar sus verdaderas metas profesionales.

Problema 3: Un ciclo difícil de romper

Lo que inicialmente Laura vio como una estrategia temporal para ganar tracción en el mercado pronto se transformó en una etiqueta difícil de eliminar. Al tratar de incrementar sus tarifas para reflejar mejor el valor de su trabajo, se enfrentó a una fuerte resistencia por parte de su clientela habitual, quienes se habían acostumbrado a precios más bajos.

Esta situación no solo complicó sus esfuerzos por ajustar sus precios, sino que también le presentó un desafío significativo para atraer a nuevos clientes dispuestos a reconocer y pagar por la calidad de su servicio. La percepción de ser una opción económica se convirtió en un obstáculo para re-definir su marca y posicionar sus servicios en un segmento del mercado que valorara la calidad por encima del costo.

Esta trampa, en la que muchos profesionales pueden caer, destaca la dificultad de cambiar la percepción del mercado una vez que se ha establecido como una opción de bajo costo.

Problema 4: Limitación en el crecimiento

Finalmente, Laura se dio cuenta de que su modelo de negocio de bajo precio limitaba su capacidad de crecimiento. Al cobrar muy poco por sus servicios, no generaba suficientes ingresos para cubrir sus gastos y obtener una ganancia razonable. Esto le impedía contratar ayuda o invertir en mejores herramientas que le permitieran mejorar la calidad y la eficiencia de su trabajo.

La historia de Laura es un ejemplo claro de cómo cobrar poco puede parecer una solución a corto plazo para atraer clientes y competir en el mercado, pero a la larga se convierte en una barrera para el crecimiento y el éxito. Al subvalorar su trabajo, Laura se quedaba atrapada en un ciclo de sobre-esfuerzo y baja rentabilidad, que le consumía todo su tiempo y energía, impidiéndole explorar oportunidades más grandes y lucrativas.

A lo largo de este capítulo, profundizaremos en cada uno de estos problemas y exploraremos cómo cambiar este patrón puede transformar no solo tu negocio, sino también tu vida profesional. Veremos cómo establecer un precio justo y adecuado para tu trabajo, que refleje tu valor y tu experiencia, y que te permita alcanzar tus objetivos financieros y personales.

Una historia personal

Permíteme compartirte una lección valiosa de mi propia experiencia. Cuando comencé como consultor, caí en la misma trampa en la que muchos hemos caído: pensar que vender barato era el camino hacia la masividad y que, con el tiempo, mejoraría mi oferta. Durante dos años mantuve precios que no reflejaban mi verdadero valor, atrayendo una audiencia valiosa, pero que no coincidía con mi cliente ideal. Eran personas interesadas, sí, pero sin los recursos necesarios para invertir en lo que ofrecía.

Luego, algo importante sucedió cuando decidí crear un servicio de alto valor: comencé a vender más. Pero hubo un detalle sorprendente: todas mis ventas provenían de una nueva audiencia que había captado con este enfoque renovado en el valor. La audiencia que había construido durante dos años apenas respondió a mi nueva oferta. No porque yo ahora cobrara más significaba que ellos podían pagar más.

Ahí comprendí una verdad que había ignorado: pude haber tomado la decisión de aumentar mis precios dos años antes y no habría ninguna diferencia. Después de todo, la mayoría de mis clientes actuales me habían conocido hace menos de un mes. Esta experiencia me enseñó que la idea de "necesitar una gran comunidad para poder subir los precios" era en realidad una excusa. Es al revés: necesitas definir tu enfoque de alto valor primero y, a partir de ahí, comenzar a construir tu comunidad.

De no hacerlo así, estarás trabajando en vano. Porque cuando finalmente decidas cambiar tu enfoque, te enfrentarás a la realidad de tener que empezar casi desde cero. Mi historia es un testimonio de que el valor no se construye bajando precios, sino elevando la calidad de lo que ofreces y comunicándolo claramente a aquellos que están buscando exactamente eso.

- *El valor no se construye bajando precios, sino elevando la calidad de lo que ofreces y comunicándolo claramente a aquellos que están buscando exactamente eso"*

La Ilusión de la demanda masiva y el valor real

Los engaños de la zona de confort y el ego.

Tras compartir mi historia personal, es fundamental abordar otro aspecto común y engañoso en la estrategia de precios bajos: la ilusión de la demanda masiva.

Muchos emprendedores y profesionales piensan que al ofrecer precios más bajos, automáticamente atraerán a una mayor cantidad de clientes. Sin embargo, esta percepción omite una verdad crucial sobre el valor y la percepción de los clientes.

El precio no es el único factor que influye en la decisión de compra, sino que también intervienen otros aspectos como la calidad, la confianza, la reputación, la diferenciación y la satisfacción.

Al ofrecer precios más bajos, los emprendedores y profesionales pueden estar enviando un mensaje equivocado a sus clientes potenciales. Pueden estar transmitiendo que su trabajo no tiene suficiente valor, que no se sienten seguros de su capacidad, que no se diferencian de la competencia o que no se preocupan por la calidad. Esto puede generar desconfianza, dudas o rechazo en los clientes, que pueden asociar un precio bajo con una baja calidad o un bajo beneficio.

El mito de la demanda masiva

La idea de que un precio bajo genera una demanda masiva es atractiva. Nos hace pensar en un mercado ilimitado de clientes potenciales, dispuestos a comprar nuestro producto o servicio sin importar las condiciones. Pero, ¿es esto realista? La realidad es que, aunque los precios bajos pueden atraer a más personas inicialmente, no garantizan una base de clientes leales o rentables. Al contrario, pueden generar una serie de problemas que afectan negativamente a nuestro negocio y a nuestra reputación.

Tomemos el caso de un emprendedor de tecnología, Carlos. Carlos lanzó su producto de software a un precio significativamente más bajo que sus competidores, esperando captar rápidamente una gran porción del mercado. Su producto ofrecía una solución innovadora y eficaz a un problema común de sus clientes potenciales. Sin embargo, pronto descubrió que, aunque su número de ventas iniciales fue alto, la retención de clientes y la satisfacción eran bajas. Los clientes atraídos por el precio bajo no valoraban las características únicas y la calidad de su producto, y constantemente demandaban más por menos. Carlos se vio obligado a dedicar más tiempo y recursos a atender las quejas y reclamos de sus clientes, que a mejorar y promocionar su producto. Esto le generó estrés, frustración y pérdidas económicas.

El caso de Carlos ilustra cómo cobrar poco puede tener consecuencias negativas para nuestro negocio. Al ofrecer un precio bajo, podemos estar perdiendo la oportunidad de comunicar el valor real de nuestro producto o servicio, y de atraer a clientes que lo aprecien y lo recomienden. Además, podemos estar creando una imagen de baja calidad o de poca confianza, que nos dificulte posicionarnos en el mercado y diferenciarnos de la competencia. Por último, podemos estar limitando nuestro margen de ganancia y nuestra capacidad de crecimiento, al no generar suficientes ingresos para cubrir nuestros costos y re-invertir en nuestro negocio.

La realidad del valor percibido

El valor percibido juega un papel crucial en la toma de decisiones de los clientes. Cuando estableces precios bajos, estás enviando un mensaje sobre la calidad de tu servicio o producto. Este mensaje puede ser contraproducente. En lugar de atraer a clientes que valoran lo que ofreces, atraes a aquellos que solo buscan la opción más barata. La lección que Carlos aprendió fue dura pero valiosa: su precio bajo estaba afectando negativamente la percepción del valor de su producto.

Enfocándose en la calidad y el valor añadido

La alternativa a competir por precio es enfocarse en la calidad y el valor añadido. Esto no solo mejora la percepción del valor de tu oferta, sino que también atrae a clientes que buscan y están dispuestos a pagar por esa calidad. Al ajustar su estrategia y enfocarse en destacar las características únicas y los beneficios de su software, Carlos comenzó a atraer a un tipo de cliente diferente: uno que valoraba la innovación y estaba dispuesto a pagar un precio justo por ella.

La demanda masiva atraída por precios bajos es a menudo una ilusión que puede llevar a un ciclo de bajo valor y baja rentabilidad. En cambio, al concentrarte en construir y comunicar el valor real de lo que ofreces, atraes a una audiencia que aprecia y está dispuesta a invertir en calidad. Este enfoque no solo es más sostenible, sino que también establece las bases para un negocio próspero y respetado en tu sector.

El síndrome del impostor y su impacto en nuestra propuesta de valor.

El síndrome del impostor es un fenómeno común entre profesionales de diversas áreas. Es esa voz interna que susurra que no somos lo suficientemente buenos, que nuestro éxito es inmerecido, o que pronto seremos descubiertos como fraudes. Este patrón de pensamiento puede influir significativamente en cómo valoramos y presentamos nuestros servicios, además de ser un rival invisible al momento de re-diseñar nuestra propuesta de valor.

Este síndrome puede llevarnos a subvalorar lo que ofrecemos, estableciendo precios más bajos como una forma inconsciente de disculparnos por nuestra supuesta falta de habilidad. Es un círculo vicioso: bajamos nuestros precios porque no nos sentimos suficientes, y al hacerlo, reforzamos la idea de que no merecemos más.

La historia de Marta

Marta, una desarrolladora web con años de experiencia exitosa, se vio atrapada en este ciclo. A pesar de haber creado sitios web impresionantes para clientes de renombre, constantemente se subestimaba y fijaba precios más bajos de lo que su trabajo valía. Temía que si cobraba más, perdería clientes o no encontraría nuevos. Este enfoque no solo la llevó a trabajar más por menos, sino que también afectó cómo sus clientes percibían y valorizaban su trabajo.

Marta se encontró con que sus clientes no la respetaban ni la apreciaban como una profesional. La trataban como una empleada más, que debía cumplir con sus exigencias y plazos, sin importar las condiciones. No reconocían su creatividad, su talento o su esfuerzo. A menudo le pedían cambios innecesarios o fuera del alcance, sin ofrecerle una compensación adicional. Algunos incluso le pagaban tarde o no le pagaban en absoluto.

Como es normal, se sintió frustrada, cansada y desmotivada. Su pasión por el desarrollo web se fue apagando. Su autoestima y su confianza se fueron deteriorando. Su negocio no crecía ni prosperaba. Se dio cuenta de que al cobrar poco, estaba perjudicando su carrera y su felicidad. Decidió que era hora de cambiar su mentalidad y su estrategia de precios, y empezar a valorar su trabajo como se merecía, conocí a Marta en Febrero de 2023.

Rompiendo el ciclo

Para Marta, el cambio empezó con reconocer sus logros y entender que su valía como profesional provenía de su duro trabajo, no de la suerte o el engaño. Al buscar feedback constructivo y empezar a valorarse más, Marta ajustó sus precios. Este paso no solo mejoró su situación financiera, sino que también cambió el tipo de clientes que atraía, aquellos que realmente valoraban su trabajo y experiencia.

La experiencia de Marta ilustra cómo el Síndrome del Impostor puede interferir en la percepción de nuestro valor y, por ende, en nuestra estrategia de precios. Reconocer y superar este síndrome es un paso fundamental para establecer una estrategia de precios que refleje verdaderamente el valor de nuestros servicios. Al hacerlo, no solo elevamos nuestra autoestima y confianza profesional, sino que también atraemos a clientes que buscan y aprecian la calidad que ofrecemos.

Continuando en nuestro viaje para atraer clientes de alto valor, el siguiente paso es entender cómo este nuevo autoconocimiento y confianza en nuestro valor se traduce en una comunicación efectiva con nuestros clientes potenciales, algo que exploraremos en la siguiente sección.

- *El Síndrome del Impostor puede interferir en la percepción de nuestro valor y, por ende, en nuestra estrategia de precios. Reconocer y superar este síndrome es un paso fundamental para establecer una estrategia de precios que refleje verdaderamente el valor de nuestros servicios."*

CAPÍTULO I

El problema de una estrategia centrada en precios bajos.

La tentadora trampa de cobrar poco

El problema recurrente con el que me he encontrado es la competencia por precio. Muchos piensan que reducir precios es la manera de atraer más clientes. Sin embargo, esta estrategia tiene un lado oscuro. No solo disminuye tus ganancias, sino que también devalúa lo que ofreces. Es una carrera desenfrenada hacia abajo, donde ser el más barato parece lo único importante, pero, ¿es realmente así?

Comprendo por qué muchos profesionales y empresas caen en la tentación de bajar sus precios. En un mundo donde cada cliente potencial parece obsesionado con encontrar la opción más económica, parece lógico querer ser esa opción. Tal vez te sientas identificado con la historia de

CAPÍTULO 2

Concéntrate en los clientes de alto valor.

Reconociendo el verdadero valor de tu oferta

Comprender el valor real de lo que ofrecemos es un paso crucial en el camino hacia atraer clientes de alto valor. Esta comprensión va más allá de solo ajustar precios; es una transformación completa en cómo vemos y comunicamos el valor de nuestro trabajo. No se trata solo de lo que hacemos, sino de cómo lo hacemos, por qué lo hacemos, y qué beneficios aportamos a nuestros clientes.

Es común comenzar subvalorando nuestros servicios, ya sea por inseguridad, necesidad de ganar experiencia, o desconocimiento del valor real de nuestro trabajo. Como ejemplo, piensa en Ana, una coach de vida con talento. Inicialmente, Ana fijó precios bajos, creyendo que era la única manera de atraer clientes. "Si soy económica, seré accesible para más personas", pensaba. Sin embargo, pronto se dio cuenta de que esta estrategia tenía sus desventajas. Al cobrar poco, Ana atraía a clientes que no estaban comprometidos con su proceso de coaching, que no respetaban su tiempo ni su profesionalismo, y que no le generaban referencias ni testimonios positivos. Ana se sentía insatisfecha y poco valorada.

El momento 'Eureka'

Para Ana, como para muchos de nosotros, hubo un momento revelador. Un cliente le expresó cómo sus sesiones habían impactado profundamente su vida, insinuando que valían mucho más de lo que estaba cobrando. Este comentario fue un punto de inflexión para Ana.

Reajustando la percepción del valor

Reevaluar el impacto de tu trabajo es el primer paso. Ana empezó a reflexionar sobre cómo sus sesiones no eran solo encuentros, sino caminos de transformación para sus clientes. Esto la llevó a una nueva comprensión de su valor como coach.

Ana aprendió a comunicar el valor de su trabajo de manera honesta y clara, enfocándose en los resultados y transformaciones que sus clientes experimentaban. Esto fue más que un cambio en su discurso; fue una reafirmación de su valor.

Este cambio atrajo a clientes que no solo pagaban más, sino que realmente valoraban su trabajo. Ana descubrió que su coaching era visto como una inversión en el crecimiento personal y profesional de sus clientes.

A medida que Ana y otros profesionales como ella han descubierto, reconocer y comunicar el valor de lo que ofrecemos es el inicio de una relación más profunda y significativa con nuestros clientes. Al lograr esto, no solo elevamos nuestros ingresos, sino que también elevamos la calidad de nuestro trabajo y la satisfacción que obtenemos de él.

En la siguiente sección, exploraremos cómo este nuevo entendimiento del valor puede traducirse en una estrategia efectiva para atraer a esos clientes de alto valor que están buscando exactamente lo que tú tienes para ofrecer.

Beneficios de una estrategia de precios adecuada

Después de comprender la importancia de reconocer y comunicar el verdadero valor de tu oferta, es crucial explorar los beneficios tangibles de implementar una estrategia de precios adecuada. No se trata solo de aumentar los ingresos; los efectos son mucho más profundos y transformadores.

Beneficio 1: Aumento de la calidad del cliente

Una de las ventajas más significativas de una estrategia de precios bien definida es la mejora en la calidad de tu clientela. Al establecer precios que reflejan el valor real de tu trabajo, atraes a clientes que no solo están dispuestos a pagar esos precios, sino que también entienden y aprecian lo que estás ofreciendo. Esto se traduce en relaciones de trabajo más fructíferas y satisfactorias. Por ejemplo, un diseñador gráfico que aumentó sus tarifas comenzó a recibir encargos de clientes más serios y comprometidos, lo que llevó a proyectos más interesantes y a colaboraciones a largo plazo.

Beneficio 2: Mejor margen de beneficio

Obviamente, una estrategia de precios adecuada conduce a un mejor margen de beneficio. Esto no solo significa más ingresos, sino también la posibilidad de re-invertir en tu negocio. Con mayores recursos, puedes mejorar la calidad de tu oferta, invertir en marketing, o incluso expandir tu equipo. Este ciclo de crecimiento y re-inversión es fundamental para la escalabilidad y la sostenibilidad de tu negocio.

Beneficio 3: Menor volumen, mayor calidad

Al cobrar más, puedes permitirte trabajar con menos clientes pero ofreciendo un servicio de mayor calidad. Esto reduce el estrés y la sobrecarga de trabajo, permitiéndote concentrarse en lo que realmente importa: ofrecer un servicio excepcional. Un consultor de marketing que adoptó esta estrategia descubrió que, al trabajar con menos clientes pero más comprometidos, podía dedicar más tiempo y atención a cada uno, resultando en un trabajo de mayor calidad y clientes más satisfechos.

Beneficio 4: Posicionamiento en el mercado

Una estrategia de precios adecuada te posiciona en un segmento de mercado diferente. Dejas de competir con aquellos que luchan en una guerra de precios y te estableces como una opción premium. Este posicionamiento atrae a un tipo diferente de cliente y establece expectativas más altas sobre la calidad de tu trabajo. Es una declaración de que lo que ofreces es especial y valioso.

Beneficio 5: Respeto y valorización de tu trabajo

Finalmente, un precio que refleja el valor real de tu trabajo conduce a un mayor respeto y valorización de tu esfuerzo y habilidad. Los clientes que entienden el valor de lo que adquieren son más propensos a respetar tu tiempo, tu experiencia y tus procesos de trabajo. Este respeto mutuo es esencial para una relación laboral saludable y productiva. Con estos beneficios en mente, es claro que una estrategia de precios adecuada es mucho más que una simple táctica de ingresos; es una parte integral de construir un negocio sostenible y gratificante.

En la próxima sección, abordaremos cómo definir y aplicar una estrategia de precios que no solo maximice tus ingresos, sino que también refleje el valor real de lo que ofreces.

- *Al cobrar más, puedes permitirte trabajar con menos clientes pero ofreciendo un servicio de mayor calidad. Esto reduce el estrés y la sobrecarga de trabajo, permitiéndote concentrarse en lo que realmente importa: ofrecer un servicio excepcional."*

Estrategias para identificar y atraer clientes de alto valor.

Entendiendo el valor.

Antes de poder atraer a los clientes de alto valor, es esencial comprender quiénes son y qué buscan. Estos clientes no solo están dispuestos a pagar más, sino que también valoran lo que tú ofreces de una manera más profunda. Aquí está cómo puedes identificarlos:

Paso 1: Define las características de tu cliente ideal

Reflexiona sobre las necesidades y deseos específicos de tus clientes ideales, trata de conectar con la verdadera razón por la cual te van a contratar, eres experto en tu servicio, ahora debes convertirte en un experto en conocer a tus clientes. Algunas preguntas que te pueden servir en esta etapa son:

- *¿Qué problemas están tratando de resolver?*
- *¿Qué aspiraciones tienen?*
- *¿Qué errores han cometido tratando de solucionarlo?*
- *¿Cómo cambiaría sus vidas si logran solucionarlo?*
- *¿Qué motiva a tus clientes ideales?*
- *¿Qué les importa en la vida y en los negocios?*

Paso 2: Analiza tus interacciones anteriores

Si actualmente ya estás ofreciendo servicios es probable que en el pasado hayas identificado perfiles ideales de clientes en base a tu propia experiencia, suele ser cuando dices 'ojalá tuviera más clientes así'.

Si esto te ha pasado, entonces sirve mucho identificarlos, recuerda que en el pasado atraíste clientes por tus decisiones (o la ausencia de ellas), ahora haremos que ese proceso sea predecible y rentable.

Dos preguntas que me ayudan cuando identifico un perfil de cliente ideal son:

> *¿Qué características comparten?*
> *¿Cómo fue tu experiencia trabajando con ellos?*

Identificarlos no es suficiente, si tienes contacto con ellos sería ideal que puedas conversar, invítales un café u ofrécele una sesión de asesoría gratis a cambio de que responda a las preguntas que sean necesarias para que logres entender dos cosas fundamentales que te ayudarán a re-diseñar tu propuesta de valor:

> *¿Por qué eligieron tus servicios?*
> *¿Qué aspectos valoraron más.?*
> *¿Qué canales de comunicación suele usar?*
> *¿Cómo fue su proceso desde el interés a la compra?*

Paso 3: Construye perfiles de cliente

Utiliza la información recopilada para construir perfiles detallados de tus clientes ideales. Esto incluye sus desafíos, objetivos, preferencias y comportamientos de compra.

Suena cliché y una lección básica de Marketing esto de construir perfiles de clientes ideales, pero me sorprende mucho cuanto en la práctica no se aplica. He llegado a sentir que hay personas que consideran este levantamiento de información como 'burocracia', una pérdida de tiempo, información para un brief que nunca será utilizado de manera efectiva, pero, precisamente por estas razones, luego se encuentran compitiendo en un círculo vicioso que no lleva a ningún lado.

Entender al cliente potencial te ayudará a responder las siguientes preguntas y poder aplicar la metodología TAOx que aprenderás en este libro, que, como verás más adelante, tiene un alto compotente 'costumer-centric', por lo tanto, antes de continuar con este libro y si lo haces como parte de un proceso de transformación práctico, procura haber respondido a las preguntas de manera correctamente. Te dejo un recurso que te puede servir mucho a continuación:

BONUS ACCIONABLE

Como parte de la comunidad de 'Cobra lo que realmente vales', tienes acceso a una masterclass completamente gratis con recursos actualizados que te ayudarán a crear un perfil detallado de tu prospecto de cliente ideal.

Solo ingresa a:

https://www.CobraLoQueRealmenteVales.com/bonus y sigue las instrucciones.

CAPÍTULO 3

Superando barreras

Sabes lo que necesitas hacer, pero no lo haces.

Sigamos nuestra charla, ahora adentrándonos en un tema que toca una fibra más íntima: el de superar esas barreras que, a menudo sin darnos cuenta, nos impiden avanzar. Ya hemos hablado de cómo valorar lo que ofrecemos y de atraer a esos clientes que realmente aprecian nuestro trabajo. Pero aquí, en este punto del camino, nos encontramos frente a frente con obstáculos más personales: nuestras propias dudas, temores y, en ocasiones, ese persistente Síndrome del Impostor.

Todos, en algún momento, nos enfrentamos a esos muros invisibles que parecen levantarse entre nosotros y nuestras metas. Puede que sean inseguridades sobre nuestras habilidades, el miedo a no estar a la altura, o incluso el temor a que el éxito logrado hasta ahora haya sido solo un golpe de suerte. Estas barreras son como esas sombras que nos acompañan en silencio, muchas veces sin que las percibamos, pero están ahí, influyendo en cada decisión que tomamos.

La zona de confort está protegida por estos muros, así que arranquemos por identificarlos.

Recordemos a Marta, aquella emprendedora que mencioné antes, que se enfrentaba a su propio muro: el miedo al rechazo. Este temor lo mantuvo durante años en una zona de confort, frenando su potencial. Su historia no es única, sino que refleja lo que muchos de nosotros experimentamos en distintas etapas de nuestra vida profesional, ¿qué pasos tienes que seguir para superar estas barreras?

El primer paso: reconocer y aceptar

El primer paso para superar estas barreras siempre es el reconocimiento. Admitir que están ahí es como encender una luz en un cuarto oscuro. De repente, lo que parecía inmenso y amenazador se reduce a su verdadera forma y tamaño. En el caso de Marta, y posiblemente en el tuyo también, aceptar que el miedo al rechazo era solo eso, un miedo, marcó un antes y un después.

No se trata de borrar nuestras inseguridades de un plumazo, sino de aprender a gestionarlas y, con el tiempo, convertirlas en aliadas en nuestro camino hacia el éxito.

Aunque parezca algo 'lógico' y 'sencillo', este primer paso es el más complicado de dar y esto es porque nuestro ego reacciona siempre protegiéndonos del cambio, entonces es probable que tengas la sensación de que todo está bien o que el camino que sigues es el mejor en tu situación, aquí tienes que tener todos tus sentidos alerta y desconectarte del ego, analízate como si estuvieras analizando a un cliente, tal vez te ayude a reconocer las cosas con mayor claridad.

Quiero que sepas que no estás solo en este viaje, todos nos enfrentamos a desafíos, todos tenemos momentos de duda. Pero lo que realmente marca la diferencia es cómo respondemos a estos desafíos. Con las estrategias adecuadas y una mentalidad orientada al crecimiento, tú también puedes superar tus barreras y alcanzar esos sueños que quizás hoy te parecen lejanos.

Ahora, déjame guiarte a través de estos pasos, descubriendo cómo cada uno de nosotros puede transformar sus barreras en escalones hacia ese 'otro nivel' del que tanto te hablan los expertos de marketing.

Barrera 1: Miedo al fracaso

Una de las barreras más universales es el miedo al fracaso. Este temor puede paralizarnos, impidiéndonos tomar riesgos o probar nuevas estrategias. Para superarlo, es crucial cambiar nuestra percepción del fracaso. En lugar de verlo como un final, podemos verlo como una oportunidad de aprendizaje. Cada fracaso nos enseña algo valioso que podemos utilizar para mejorar en el futuro. Recuerda, los grandes éxitos a menudo vienen después de varios intentos fallidos.

Una historia personal: Superando el miedo al fracaso

Permíteme compartir contigo mi propia experiencia con esta barrera. Descubrí que mi miedo al fracaso estaba profundamente arraigado en el ego. Cuando emprendía, lo hacía desde el ego, buscando demostrar que tenía razón. Me enamoré de mis ideas y me aferré a una visión idealizada del empresario que triunfa contra todo pronóstico. Pero, cuando las cosas no salían bien, lo tomaba como un reflejo personal, sintiendo que el mundo no entendía lo genial que era mi idea o lo veía como una desaprobación de algo que para mi era importante. Esto me hacía sentir frustrado, decepcionado y avergonzado. Me impedía aprender de mis errores y mejorar mi propuesta de valor.

Todo cambió cuando empecé a comprender el papel del ego en mi miedo al fracaso. Me di cuenta de que estaba más enamorado de la idea en sí que del problema que quería solucionar. Así que cambié mi enfoque. Empecé a emprender con un propósito claro, enamorado del problema y buscando genuinamente solucionarlo.

La idea pasó a ser un medio para un fin, no el fin en sí mismo. Esto me permitió ser más flexible, creativo y receptivo al feedback de mis clientes potenciales. Me ayudó a validar mis hipótesis, a iterar mi producto o servicio, y a adaptarme a las necesidades del mercado. Me hizo sentir más motivado, confiado y orgulloso de mi trabajo.

Adoptando un enfoque científico.

Adopté un enfoque científico en mi trabajo, desapegado del ego. Todo se convirtió en una hipótesis que necesitaba ser validada. Este enfoque me permitió ser más objetivo, aceptar la retroalimentación y adaptarme según fuera necesario. Al hacer esto, el miedo al fracaso se transformó. Ya no era una amenaza personal, sino un paso más en el proceso de encontrar la mejor solución al problema que me importaba.

Comprendí una lección clave: Si experimento no fracaso, si aprendo de cada cosa, buena o mala, entonces estaré retroalimentando mi proyecto, todo me acerca a la meta, todo lo que pasa, entonces, conviene.

En mi propio viaje, el enfrentamiento con el miedo al fracaso tomó un giro decisivo cuando comencé a aplicar el pensamiento científico, inspirado en el método Lean Startup de Eric Ries. Este enfoque me llevó a concentrarme en dos tipos fundamentales de hipótesis: la hipótesis de valor y la hipótesis de crecimiento y también me ayudó a desarrollar mi propio método de trabajo (TAOx) el cual veremos más adelante.

Las dos hipótesis más importantes que yo valido al generar una propuesta de valor son las siguientes:

Hipótesis de valor

La hipótesis de valor se basa en la creencia de que lo que ofrezco cumple con una necesidad real y aporta un valor significativo a mis clientes. Al principio, estaba convencido de que mis ideas eran lo que el mercado necesitaba. Pero, al adoptar un enfoque más científico, empecé a cuestionar y validar esta suposición. Realicé encuestas, entrevisté a clientes potenciales y analicé los datos del mercado. Esto me permitió entender mejor las necesidades reales de mi público objetivo y ajustar mi oferta para satisfacer esas necesidades de manera más efectiva. Al validar mi hipótesis de valor, no solo mejoré mi producto, sino que también aumenté mi confianza en él, disminuyendo así mi miedo al fracaso.

Hipótesis de crecimiento

La hipótesis de crecimiento se enfoca en cómo captar y retener a los clientes, asegurando así el crecimiento sostenible del negocio. En mi caso, necesitaba encontrar el mejor camino para atraer a los usuarios hacia mi servicio y convertirlos en clientes leales. Empleé diferentes estrategias de marketing y experimenté con varios canales de distribución, midiendo siempre los resultados. Cada experimento era una oportunidad de aprender y pivotar cuando era necesario. Al entender qué funcionaba y qué no, pude desarrollar un modelo de negocio que no solo era viable, sino también escalable.

Adoptando estas hipótesis, transformé mi enfoque del desarrollo de negocios. Ya no estaba simplemente lanzando ideas al mercado con la esperanza de que funcionaran; estaba utilizando un enfoque metódico para validar cada aspecto de mi negocio. Este enfoque me permitió dejar de lado el miedo al fracaso, ya que cada 'fracaso' se convirtió en un valioso aprendizaje. A través de este proceso, no solo desarrollé un negocio exitoso, sino que también crecí como emprendedor, aprendiendo a abrazar los retos y las incertidumbres como partes esenciales del camino hacia el éxito.

Veremos más a profundidad el paso a paso para generar y validar tus hipótesis en el capítulo 5 donde te enseñaré la metodología TAOx.

Barrera 2: Falta de confianza en uno mismo

La falta de confianza en uno mismo es una barrera común que puede tener un impacto profundo en cómo valoramos y cobramos por nuestros servicios. Cuando dudamos de nuestras habilidades y valor, a menudo nos inclinamos a cobrar menos de lo que realmente vale nuestro trabajo. Este enfoque puede parecer una 'solución segura' para atraer clientes, pero en realidad, refuerza nuestra falta de confianza. Nos encontramos atrapados en un ciclo vicioso: cobramos poco porque nos falta confianza, y nuestra confianza disminuye aún más porque no estamos obteniendo el reconocimiento o los ingresos que merecemos. Romper este ciclo es esencial para el desarrollo personal y profesional.

Pasos para desarrollar confianza en ti mismo

La confianza en uno mismo es un factor clave para el éxito profesional y personal. Sin embargo, muchas personas se enfrentan a barreras internas y externas que les impiden valorar y cobrar por sus servicios de forma adecuada. Estas barreras pueden afectar negativamente a la calidad de su trabajo, a su reputación y a sus ingresos. Te quiero compartir algunos pasos que te pueden ayudar a mejorar este aspecto tan importante para poder atraer clientes de alto valor:

Paso 1: Reconoce tus logros

Haz una lista de tus logros y habilidades. Esto no se limita solo a los logros profesionales, sino también a los personales y académicos. Reconocer lo que has conseguido te ayudará a visualizar tu valor.

Paso 2: Busca retroalimentación positiva

Pide a colegas, mentores o clientes que compartan su opinión sobre tu trabajo. A menudo, los demás ven nuestras fortalezas más claramente que nosotros mismos. Esta retroalimentación positiva puede ser un poderoso impulso para tu autoestima.

Paso 3: Establece metas realistas

Define metas claras y alcanzables. Al lograr estas metas, aunque sean pequeñas, empezarás a construir una sensación de competencia y eficacia, lo que refuerza la confianza en tus habilidades.

Paso 4: aprende nuevas habilidades

Invierte en tu desarrollo profesional y personal. Aprender nuevas habilidades no solo aumenta tu competencia, sino que también te proporciona evidencia tangible de tu capacidad para crecer y adaptarte.

Paso 5: Se amable contigo mismo

La auto-crítica excesiva puede ser un gran obstáculo para la confianza. Reconoce que cometer errores es parte del proceso de aprendizaje y crecimiento.

Siempre hay una historia que te cuentas a ti mismo, ese diálogo interno, en esos espacios de conciencia (o ausencia de conciencia), generalmente surge el síndrome del impostor del que ya hemos hablado, a continuación te comparto una pregunto que suelo hacer a mis estudiantes que dudan de sus habilidades o estás viviendo las consecuencias de este síndrome, es una pregunta muy sencilla y de su respuesta dependen los siguientes pasos en el camino:

Si tuvieras a un cliente del perfil ideal, ese cliente con el que te daría gusto trabajar, de un nicho que conozcas, te guste y seas bueno, ese cliente te paga bien por tus servicios, lo suficiente para que te sientas bien recompensado por todo lo que vas a hacer y, para colmo, este cliente te hace caso en tus recomendaciones y es aplicado. ¿Serías capaz de hacer grandes cosas por este cliente?

Si tu respuesta es sí, entonces la buena noticia es que el problema no eres tú. Lo que te está faltando no es la capacidad o el talento, sino un sistema predecible y rentable que te atraiga de manera constante un flujo de clientes que encajen con el perfil de tu buyer persona. Este es un punto de inflexión importante, ya que reconoce que tienes lo necesario para diseñar y ofrecer un servicio de alto impacto.

El darte cuenta de que posees las habilidades y la motivación para trabajar eficazmente con tu cliente ideal es un gran paso para superar la falta de confianza. El desafío ahora se centra en desarrollar o mejorar tu sistema para atraer a esos clientes.

Barrera 3: Resistencia al cambio

El cambio es a menudo incómodo, pero es esencial para el crecimiento. La resistencia al cambio puede mantenernos estancados en prácticas y estrategias obsoletas. Para superar esta barrera, intenta adoptar una mentalidad de crecimiento. Ve el cambio como una oportunidad para aprender y mejorar. Empieza con pequeños pasos y celebra cada progreso para ganar confianza en tu capacidad para adaptarte.

A través de mi aprendizaje y de los libros que he leído sobre el tema, he descubierto que la resistencia al cambio está estrechamente vinculada con el ego. A menudo, tendemos a identificarnos fuertemente con nuestras ideas, hasta el punto de confundir lo que pensamos con lo que somos. Esta identificación crea una barrera significativa al cambio, ya que desafiar nuestras ideas puede sentirse como un ataque a nuestro ser.

Con esta nueva perspectiva, estás mejor equipado para enfrentar la siguiente barrera en tu camino: la resistencia al cambio. A menudo, la falta de confianza y la resistencia al cambio van de la mano, ya que ambas pueden ser alimentadas por el miedo a lo desconocido o a fallar. Pero al reconocer que ya tienes lo que se necesita para satisfacer a los clientes de alto valor, puedes empezar a abordar cualquier reticencia al cambio con una mentalidad más segura y pro-activa.

En la siguiente sección, exploraremos cómo podemos abordar y superar nuestra resistencia al cambio, utilizando herramientas y estrategias que nos permitan adaptarnos y prosperar en un entorno en constante evolución, y cómo esto se alinea con la construcción de un sistema para atraer a los clientes ideales.

El ego y la identificación con nuestras ideas

Nuestro ego, en su intento de protegernos, nos convence de que no es la idea la que está equivocada, sino que nosotros mismos estamos en error. El cerebro, buscando evitar el dolor que esto implica, activa mecanismos de defensa. Aquí es donde entra en juego el sesgo de confirmación.

El sesgo de confirmación es un fenómeno psicológico por el cual tendemos a buscar, interpretar y recordar información de manera que confirme nuestras creencias preexistentes. En el contexto de la resistencia al cambio, esto significa que inconscientemente filtramos cualquier información o feedback que contradiga nuestras ideas actuales, y damos mayor peso a lo que las reafirma. Este sesgo nos mantiene atrapados en nuestras zonas de confort, impidiendo el crecimiento y la adaptación.

Una clave para superar la resistencia al cambio es comprender que no somos nuestros pensamientos ni nuestras ideas. Estos son simplemente el producto de experiencias y conocimientos adquiridos a lo largo del tiempo. Así como los aprendimos, también podemos des-aprenderlos o modificarlos. Esta comprensión nos libera para explorar nuevas ideas y enfoques sin sentir que estamos comprometiendo nuestra identidad o valor personal.

Pasos para manejar el ego y el sesgo de confirmación:

1. Conciencia activa: Sé consciente de tus tendencias a resistirte al cambio. Reconoce cuándo tu ego está influyendo en tus decisiones.
2. Busca perspectivas diversas: Exponte a diferentes puntos de vista. Esto puede ayudarte a ver más allá de tus creencias actuales y considerar nuevas posibilidades.
3. Práctica de reflexión: Dedica tiempo a reflexionar sobre tus ideas y creencias. Pregúntate por qué las sostienes y si realmente te sirven en tu crecimiento.
4. Experimentación: Prueba nuevas ideas en una escala pequeña. Esto reduce el riesgo y te permite explorar nuevas posibilidades de una manera controlada.

5. Desarrollo de la flexibilidad mental: Entrena tu mente para ser más flexible, aceptando que el cambio es una parte natural de la vida y el crecimiento

Al entender y manejar nuestro ego y el sesgo de confirmación, podemos abrirnos al cambio y aprovechar las oportunidades que este trae. Esto no solo nos ayuda a crecer como individuos y profesionales, sino que también nos prepara para adaptarnos a los desafíos y cambios constantes en el mundo de los negocios.

Recuerdo que no vemos el mundo tal y como es, lo vemos tal y como somos, esto nos obliga que si queremos mejorar nuestros skills empresariales, tengamos que desarrollar consciencia plena de nuestros pensamientos y decisiones puesto que el ego nos puede nublar de grandes decisiones y oportunidades.

Barrera 4: Sobrecarga y agotamiento

Un escenario común que muchos profesionales enfrentan es el resultado directo de cobrar poco por sus servicios. Cuando los precios son demasiado bajos, los márgenes de ganancia no son suficientes para permitir la contratación de un equipo de apoyo. Esto lleva a una situación en la que te conviertes en esclavo de tu propio trabajo, intentando manejar todas las tareas por ti mismo. El resultado es una sobrecarga de trabajo que no solo es insostenible, sino que también puede llevar al agotamiento. Este agotamiento no solo afecta tu salud y bienestar, sino también la calidad del servicio que puedes ofrecer.

La dificultad de decir no

Decir "no" es a menudo un desafío, especialmente cuando empezamos nuestro camino profesional. Puede haber un temor subyacente de perder oportunidades, o la creencia de que debemos aceptar todo lo que se nos ofrece para construir nuestra reputación y cartera de clientes. ¿Alguna vez te has descubierto pensando 'cliente es cliente', 'dinero es dinero', o atrapado en una circunstancia en la que has pensado si no necesitara tanto el dinero dejaría de trabajar con este cliente?

Sin embargo, aprender a decir "no" es un signo de madurez profesional. Significa que has llegado a un punto en el que comprendes tu valor y reconoces la importancia de dedicar tu tiempo y energía a proyectos que realmente se alinean con tus habilidades y objetivos.

Cuando maduramos profesionalmente, comenzamos a entender mejor nuestras capacidades y límites. Nos damos cuenta de que no todos los proyectos o clientes son adecuados para nosotros, y que está bien rechazar oportunidades que no encajan con nuestra visión o que podrían llevarnos a una sobrecarga de trabajo.

Decir "no" se convierte en una habilidad crucial para mantener un equilibrio saludable y para asegurar que podamos dedicar nuestra mejor energía y esfuerzo a los proyectos que elegimos asumir.

Pasos para manejar la sobrecarga y aprender a decir no

1. Evalúa tu carga de trabajo actual: Haz un análisis honesto de tu carga de trabajo actual y determina si es manejable o si estás asumiendo demasiado.
2. Conoce tu valor: Ten una comprensión clara de tu valor y lo que aportas. Esto te ayudará a sentirte más seguro al rechazar trabajos que no compensan adecuadamente tu esfuerzo y habilidad.
3. Establece prioridades claras: Define qué tipo de trabajos y clientes son ideales para ti y cuáles no se alinean con tus objetivos y capacidades.
4. Desarrolla estrategias de delegación: Si es posible, considera delegar o sub-contratar parte de tu trabajo para manejar mejor tu carga de trabajo y evitar el agotamiento.
5. Al abordar la sobrecarga y aprender a decir "no", no solo proteges tu bienestar, sino que también aseguras que estás trabajando de manera eficiente y eficaz, entregando la mejor calidad en todo lo que haces.

Barrera 5: Miedo a lo desconocido

El miedo a lo desconocido está profundamente arraigado en nuestra psicología. Desde una perspectiva evolutiva, lo desconocido representaba un riesgo para nuestra supervivencia, por lo que estamos naturalmente inclinados a evitarlo. En el mundo moderno, aunque los riesgos físicos han disminuido, los psicológicos persisten. Lo desconocido representa un desafío a nuestras creencias establecidas, a nuestro sentido de identidad y a nuestra comprensión del mundo.

El primer paso es reconocer y aceptar que el miedo a lo desconocido es una reacción natural. Aceptar este miedo como parte de la experiencia humana puede ayudarte a sentirte menos abrumado por él.

En lugar de hacer un cambio radical de una sola vez, prueba con pequeños pasos. Esto puede ayudar a acostumbrarse gradualmente a lo nuevo y disminuir la ansiedad asociada con los grandes cambios. Muchas veces, el miedo surge de la falta de información. Investiga y recopila tanta información como puedas sobre el cambio que estás considerando. La preparación y el conocimiento pueden disminuir significativamente el miedo.

Desafía tus miedos de forma activa, esto puede ser tan simple como probar una nueva actividad o tan complejo como cambiar un aspecto importante de tu negocio o vida personal.

Enfrentar lo desconocido es esencial para el crecimiento personal y profesional. Aunque pueda parecer intimidante, abrazar lo desconocido abre nuevas oportunidades, fomenta la creatividad y puede llevar a resultados extraordinarios.

Recuerda, cada situación desconocida que enfrentas se convierte en una experiencia de aprendizaje valiosa, contribuyendo a tu desarrollo y resiliencia.

Barrera 6: Echarle la culpa a los clientes o al mercado

Otra barrera que puede impedirnos cobrar lo que vale nuestro trabajo es echarle la culpa a los clientes o al mercado. Esta barrera se basa en la creencia de que estamos limitados por situaciones externas que no podemos controlar, y que no tenemos responsabilidad por los resultados que obtenemos. Por ejemplo, podemos pensar que son los clientes los que no quieren pagar lo que pedimos, o que es la competencia la que regala el trabajo y nos obliga a bajar nuestros precios. Así, nos resignamos a adaptarnos a lo que el mercado dicta, sin cuestionar ni cambiar nuestra estrategia de precios.

Esta barrera es peligrosa porque nos impide ver las oportunidades y los recursos que tenemos a nuestro alcance para mejorar nuestra situación. Al echarle la culpa a los clientes o al mercado, nos desempoderamos y nos convertimos en víctimas de las circunstancias. No nos damos cuenta de que nosotros tenemos el poder de elegir a nuestros clientes, de diferenciarnos de la competencia, y de crear valor para el mercado. Al hacerlo, podemos establecer precios que reflejen nuestro valor y que nos permitan alcanzar nuestros objetivos.

En el siguiente capítulo, te compartiré mi método para desarrollar una propuesta de valor impacto, que te permitirá atraer a clientes de alto valor, que aprecien tu trabajo y te generen más oportunidades de negocio. Pero antes de entrar en los detalles de este método, notarás que hasta este punto, me he dedicado una importante parte del libro a hablar de las barreras mentales que pueden impedirte cobrar lo que vale tu trabajo. ¿Por qué? Porque en mi experiencia, el mayor cambio surge cuando adoptas la mentalidad correcta.

No existe técnica ni estrategia de escalamiento de ventas que pueda aplicarse si tienes una mentalidad de escasez. Si crees que el mercado es limitado, que los clientes no quieren pagar, o que la competencia te obliga a bajar tus precios, estarás limitando tu potencial y tu crecimiento. Tampoco es compatible exigir a un cliente que te valore si no sabes o no aprendiste a valorar tus propios servicios. Si dudas de tu capacidad, de tu experiencia o de tu propuesta de valor, estarás transmitiendo una imagen de baja calidad o de poca confianza.

Por eso, te invito a que revises las barreras mentales que te he presentado, y que las superes con los pasos que te he propuesto. Al hacerlo, podrás desarrollar una mentalidad de abundancia, que te permitirá ver las oportunidades y los recursos que tienes a tu alcance, y que te empoderará para elegir a tus clientes, diferenciarte de la competencia, y crear valor para el mercado. Así, podrás establecer precios que reflejen tu valor y que te permitan alcanzar tus objetivos personales y profesionales.

CAPÍTULO 4

El método TAOx

4 pasos te separan de los resultados que buscas

Adentrándonos en este capítulo crucial, quiero compartir contigo no solo una serie de estrategias, sino también la historia detrás de su creación. Esta metodología nació de una necesidad personal, de esa necesidad de encontrar un camino más claro y estructurado hacia los resultados de mis clientes y de mi empresa. A lo largo de este camino, me encontré a menudo con la sensación de estar nadando contra la corriente, luchando para mantenerme a flote en un mar de incertidumbre. Era evidente que necesitaba un sistema, algo más que tácticas aisladas; necesitaba un marco completo que me guiara no solo en la mejora de mi negocio, sino en mi desarrollo personal.

Y es que sin un sistema me enfrentaba a un problema fundamental: la falta de uniformidad en el manejo de cada cliente. Aunque intuitivamente fui desarrollando ciertas prácticas comunes, cada cliente representaba un desafío único. Este enfoque puede ser manejable cuando se trabaja con un pequeño número de clientes, pero al escalar y buscar un modelo sostenible, esta variabilidad se vuelve un obstáculo insuperable.

Otra complicación clave era la dependencia de mi conocimiento empírico. Mis años de experiencia me habían equipado con valiosas habilidades y entendimientos, pero sin un sistema estructurado, estos eran difíciles de transferir o delegar. Me di cuenta de que para realmente escalar mi negocio, necesitaba condensar mi experiencia en un método replicable y sistemático. No se trataba solo de aumentar la eficiencia, sino de crear un marco que pudiera ser enseñado y aplicado por otros, permitiendo así que el negocio creciera más allá de mis capacidades individuales.

Este entendimiento fue el catalizador para desarrollar la metodología TAOx. Buscaba no solo un conjunto de pasos a seguir, sino un marco coherente y replicable que pudiera ser aplicado consistentemente, independientemente del cliente o situación. Así nació TAOx, un sistema que encapsula no solo mis años de experiencia y aprendizaje, sino también la flexibilidad necesaria para adaptarse a diversas situaciones y necesidades.

TAOx, en su esencia, es más que una metodología; es una filosofía, una manera de vivir y trabajar que se alinea con los principios del equilibrio y la armonía del TAO. Recuerdo cómo uno de los libros que marcó un punto de inflexión en aquel año fue el "Tao de Warren Buffett". Más allá de sus estrategias de inversión, este libro representaba una forma de ver las cosas que había contribuido enormemente al éxito del magnate. Inspirado por esta filosofía que encuentra sabiduría en la simplicidad y efectividad en la calma, me propuse crear el TAO para los profesionales de negocios digitales, para personas como tú y como yo.

Quería que TAOx representara esta fusión de eficiencia y ética, de crecimiento y equilibrio. Un sistema que no solo trajera éxito y crecimiento, sino también paz y satisfacción. Así, TAOx no es solo un camino hacia la excelencia empresarial, sino también una guía hacia una vida más equilibrada y plena, adaptada al mundo dinámico y en constante evolución de los negocios digitales.

El TAO, en su esencia filosófica, es un principio fundamental en la filosofía china que enfatiza la armonía con el universo natural. Representa un camino de equilibrio, adaptabilidad y simplicidad. Al aplicar estos principios al ámbito de los negocios y el desarrollo personal, el TAO se convierte en una poderosa guía para diseñar servicios de alto impacto y enfocarse en el valor y el propósito.

Cuando alineamos nuestras prácticas empresariales y personales con los principios del TAO, creamos un círculo virtuoso de crecimiento. Esto significa que no solo buscamos el éxito financiero, sino que también priorizamos la contribución a la calidad de nuestras vidas y a la sociedad. En este contexto, el TAO nos anima a encontrar equilibrio y satisfacción en nuestras actividades, enfatizando la importancia de actuar con ética, propósito y una visión integral del éxito. Al integrar estos valores en la metodología TAOx, nos esforzamos por lograr un crecimiento que sea no solo económico, sino también personal y socialmente beneficioso.

Notarás que he agregado una X al final de TAO.

El "Factor X" en TAOx es una representación poderosa de la mentalidad de crecimiento exponencial en el mundo de los negocios y el desarrollo personal. Esta X simboliza la capacidad de multiplicar los resultados y el impacto de nuestras acciones, aprovechando las oportunidades que brinda la globalización y la tecnología. En lugar de medir el crecimiento en términos de porcentajes, la X nos anima a pensar en términos de multiplicación, como obtener un retorno de 6x o 10x de nuestra inversión.

Esta perspectiva exponencial es mucho más que una simple estrategia de crecimiento; es un cambio fundamental en la forma en que abordamos nuestras metas empresariales y personales. Implica cultivar una mentalidad de abundancia, donde las posibilidades de éxito y expansión son casi ilimitadas. La X en TAOx nos recuerda constantemente que, al combinar una visión transformadora con una acción estratégica y una optimización continua, podemos lograr avances que antes parecían inalcanzables.

El "Factor X" es, por lo tanto, un llamado a pensar en grande, a desafiar los límites tradicionales del crecimiento y a abrazar un futuro donde el potencial de éxito se magnifica exponencialmente. En este capítulo, exploraremos cómo puedes aplicar este enfoque exponencial en tu vida y trabajo, transformando no solo tu visión empresarial, sino también cultivando una mentalidad que ve oportunidades donde otros ven obstáculos.

Las etapas del método TAOx

En cada una de las etapas de TAOx - Transformación, Aceleración/Acción, Optimización, y Exponenciación - encontrarás no solo pasos prácticos y consejos, sino también reflexiones profundas que te invitan a mirar más allá de los números y las métricas. Te invito a ver estos principios como los lentes a través de los cuales puedes examinar no solo tu negocio, sino también tu vida. Cada etapa es un viaje en sí mismo, un proceso de descubrimiento y reinvención.

Al explorar la Transformación, te desafías a mirar dentro de ti mismo y de tu negocio para descubrir lo que realmente necesitas cambiar. En la Aceleración/Acción, encontrarás la importancia del movimiento consciente y dirigido. La Optimización te enseñará cómo afinar tus esfuerzos para obtener el máximo rendimiento. Y finalmente, en la Exponenciación, descubrirás cómo multiplicar tus éxitos para alcanzar un impacto más allá de lo imaginable.

Etapa de Transformación.

Si quieres resultados diferentes, tienes que hacer las cosas de manera diferente.

La etapa de Transformación en la metodología TAOx es esencial y se basa en el reconocimiento de que cualquier cambio significativo comienza desde adentro. Esta fase implica una evaluación profunda y sincera de tus servicios, tu audiencia y las necesidades específicas que intentas satisfacer. Es un proceso que requiere honestidad acerca de tus capacidades y las opciones disponibles.

En esta etapa, el enfoque está en comprender que la verdadera propuesta de valor que ofreces debe ser capaz de generar una transformación tangible para tus clientes. Sin embargo, para lograr esto, primero debes transformarte a ti mismo y a tu negocio. Esto significa sincerar lo que puedes hacer realmente bien, identificar las áreas donde necesitas mejorar y tomar decisiones que puedan parecer difíciles al principio.

Si quieres alcanzar resultados diferentes, entonces necesitas hacer cambios de tu estrategia actual y de eso se trata la etapa de Transformación.

Ahí entra el IKIGAI

El Ikigai es un concepto japonés que puede ser un camino poderoso hacia la transformación, especialmente cuando estás buscando tu propósito o dirección. Se trata de encontrar tu "razón de ser" al alinear cuatro elementos clave: lo que amas, lo que sabes hacer bien, lo que el mundo necesita, y por lo que puedes ser remunerado.

Integrar el Ikigai en el proceso de transformación es crucial, especialmente cuando estás re-diseñando tu modelo de negocio para enfocarte más en el propósito que en el mero beneficio económico. El Ikigai te invita a reconsiderar no solo lo que puedes hacer bien y lo que te apasiona, sino también lo que el mundo necesita y cómo puedes ser remunerado por ello. Este enfoque equilibrado asegura que tu transformación empresarial no solo sea rentable, sino también significativa y satisfactoria.

Por ejemplo, si antes te centrabas exclusivamente en actividades lucrativas pero carentes de pasión o propósito, el Ikigai te guiará hacia una alineación más auténtica de tus habilidades y pasiones con las necesidades del mundo y las oportunidades de mercado. Este enfoque holístico es fundamental en la etapa de transformación de TAOx, donde el objetivo es crear un negocio que no solo sea exitoso en términos financieros, sino también enriquecedor y en armonía con tus valores y aspiraciones más profundas.

Para explorar cada elemento del Ikigai, puedes hacerte las siguientes preguntas:

¿Qué amas? (Pasión)
Ejemplo: Si siempre te ha apasionado la fotografía, eso es lo que amas.
Reflexión: Seguir tu pasión te brinda satisfacción y alegría, lo cual es esencial para el bienestar a largo plazo.
¿En qué eres bueno? (Vocación)
Ejemplo: Puede que seas particularmente hábil en la escritura creativa.
Reflexión Reconocer y cultivar tus habilidades te permite contribuir de manera significativa y con confianza.
¿Qué necesita el mundo? (Misión)
Ejemplo: El mundo necesita soluciones sostenibles para el cambio climático.
Reflexión: Al enfocarte en lo que el mundo necesita, tu trabajo adquiere un propósito más amplio y significativo.
¿Por qué puedes ser remunerado? (Profesión)
Ejemplo: La habilidad para programar software es altamente demandada y remunerada.

Encontrar un punto donde tus habilidades y pasiones se encuentran con una oportunidad de ingresos te asegura estabilidad y crecimiento.

El Ikigai se centra en encontrar un equilibrio entre estos elementos, lo que lleva a una vida más plena y satisfactoria. Al alinear lo que amas, en lo que eres bueno, lo que el mundo necesita y por lo que puedes ser remunerado, encuentras una dirección clara y un sentido de propósito en tus acciones, tanto personales como profesionales.

El ROI Externo: Segundo paso en la transformación

En el mundo de los negocios, es común enfocarse en el beneficio propio, evaluando constantemente el retorno de nuestra inversión (ROI) interna. Sin embargo, a menudo no dedicamos el mismo tiempo y esfuerzo a medir el impacto que nuestras acciones tienen en la vida de los demás, especialmente en nuestros clientes. Este enfoque unidimensional puede limitar nuestro crecimiento y potencial.

Al considerar el ROI externo, adoptamos una perspectiva más integral. Este concepto nos lleva a preguntarnos: ¿Cómo están beneficiándose realmente nuestros clientes de nuestros servicios o productos? ¿Cómo estamos influyendo en su éxito y crecimiento? Al centrarnos en el valor que aportamos a los demás, no solo mejoramos nuestra oferta, sino que también fortalecemos nuestras relaciones con los clientes, creando un círculo virtuoso de crecimiento y éxito compartidos.

El ROI externo es, por lo tanto, un indicador crucial del verdadero impacto y valor de nuestras acciones. Nos desafía a ir más allá del beneficio económico inmediato y a considerar cómo nuestras decisiones y estrategias afectan a quienes nos rodean. Este enfoque no solo es fundamental para atraer y retener clientes de alto valor, sino que también es una práctica empresarial responsable y sostenible que contribuye al bienestar general.

Este enfoque no solo mejora la percepción de valor de nuestros servicios, sino que también nos posiciona como aliados clave en el éxito de nuestros clientes. Al priorizar el ROI externo, demostramos una comprensión profunda de las necesidades de nuestros clientes y construimos relaciones más sólidas y duraderas. Piensa en ello como una inversión en el éxito mutuo: al contribuir significativamente al crecimiento de tus clientes, estás sembrando las semillas para un crecimiento sostenible y ético en tu propio negocio. Este es un componente esencial para atraer y retener clientes de alto valor.

Aunque en el enfoque principal del ROI externo está en el retorno económico de la inversión que están haciendo en tus servicios, también pueden haber distintos retornos en función del giro de negocios de tu servicio, estos son algunos ejemplos adicionales al dinero que puedes tomar en cuenta:

- Consultoría de Marketing Digital: Incrementar las conversiones web del cliente en un 20% en 120 días mediante la optimización de la estrategia de contenido.

- Desarrollo de software: Reducir los tiempos de procesamiento de tareas clave del cliente en un 25% en 90 días con una solución de software a medida.

- Coaching de carrera: Mejorar la satisfacción laboral del cliente en un 30% en 120 días a través de estrategias de desarrollo personalizado.
- Diseño Gráfico: Aumentar el engagement en redes sociales del cliente en un 35% en 6 meses con un re-diseño de la imagen de marca.
- Asesoría financiera: Mejorar la eficiencia de la gestión de activos del cliente en un 15% en el siguiente trimestre.
- Servicios de salud y bienestar: Lograr una mejora del 20% en los indicadores clave de salud del cliente en 120 días.
- Consultoría en sostenibilidad empresarial: Implementar estrategias que reduzcan los costos operativos del cliente en un 10% en 120 días.
- Educación y formación profesional: Aumentar las habilidades específicas de los estudiantes en un 25% en 120 días.
- Servicios legales especializados: Reducir los riesgos legales del cliente en un área clave en un 20% en 120 días.
- Consultoría en gestión del cambio: Incrementar la eficiencia operativa del cliente en un 30% en 120 días durante un proceso de reestructuración.

Como puedes ver, este ROI externo es el fundamento de la transformación que tu servicio puede ofrecer a sus clientes.

Comprometerse con resultados específicos para los clientes puede ser un desafío, especialmente si sientes que no estás siendo compensado adecuadamente por el valor que proporcionas. Bajo el modelo tradicional, esto puede llevar a un ciclo donde no se diseñan servicios lo suficientemente completos como para garantizar cambios significativos. Sin embargo, al trabajar desde tu Ikigai y diseñar servicios enfocados en generar un retorno tangible, puedes justificar un precio más alto por tus servicios.

Esta estrategia permite que todos los involucrados se sientan recompensados: tú obtienes una mejor valoración económica y la satisfacción de trabajar con clientes comprometidos, y tus clientes disfrutan de tener un proveedor que se preocupa genuinamente por alcanzar sus objetivos. Este enfoque cambia la dinámica de la relación cliente-proveedor, centrándose en el cumplimiento de objetivos y en una colaboración más profunda y significativa. En consecuencia, este nuevo modelo no solo es más rentable, sino que también promueve relaciones más gratificantes y exitosas.

El verdadero héroe de la historia

En la narrativa de tu negocio, es esencial reconocer que el cliente es el verdadero héroe de la historia. A menudo, las marcas se centran en comunicar sus propios valores y méritos, llenando presentaciones con innumerables diapositivas sobre sus logros y capacidades. Sin embargo, esta aproximación olvida un principio fundamental: en el viaje hacia el éxito, el cliente debe ser el protagonista.

El "camino del héroe", una técnica de narrativa conocida también como el viaje del héroe, es un patrón identificado por el mitólogo Joseph Campbell. Este viaje consta de varias etapas, comenzando con el mundo ordinario, donde el héroe se enfrenta a una llamada a la aventura. Tras la resistencia inicial, el héroe acepta la llamada y atraviesa el umbral hacia lo desconocido, donde enfrenta pruebas, encuentra aliados y enemigos y se somete a una transformación profunda. Finalmente, el héroe regresa a su mundo, enriquecido con nuevas perspectivas y logros.

En el contexto de tu negocio, aplicar este marco narrativo implica ver al cliente como el héroe en su propio viaje. En lugar de centrarte en las virtudes de tu agencia o empresa, la comunicación debe enfocarse en cómo puedes guiar y ayudar al cliente a través de su viaje personal y profesional. Esto implica entender sus desafíos iniciales, proporcionarles las herramientas y el apoyo para superar obstáculos y ayudarles a alcanzar una transformación que mejore significativamente su situación.

Por ejemplo, si ofreces servicios de consultoría de marketing, tu cliente puede empezar con limitada visibilidad en línea (su mundo ordinario). A través de tus servicios (la llamada a la aventura), enfrentan nuevos desafíos y aprenden (las pruebas), con tu guía como aliado. Al final del proceso, no solo han mejorado su presencia en línea (la transformación), sino que también han adquirido nuevas habilidades y confianza (el regreso enriquecido).

Entender profundamente a nuestros clientes es un componente esencial en el viaje del héroe en la metodología TAOx. Este proceso va más allá de la mera comprensión de sus necesidades superficiales; implica una inmersión en sus experiencias, dolores y desafíos. Para ser verdaderos guías en su transformación, debemos escuchar atentamente, observar sus comportamientos y entender los errores que han cometido en el pasado. Este conocimiento nos permite no solo ofrecer soluciones adecuadas, sino también personalizar nuestra aproximación para abordar sus problemas específicos de manera efectiva.

Ser expertos en nuestros servicios es, sin duda, importante, pero la verdadera maestría surge cuando combinamos este conocimiento con una comprensión íntima de los clientes a quienes servimos. Esto significa dedicar tiempo y recursos para aprender sobre sus industrias, los desafíos únicos que enfrentan y las dinámicas de mercado en las que operan. Al volverse expertos en sus clientes, los profesionales pueden ofrecer soluciones que no solo resuelven problemas inmediatos, sino que también anticipan necesidades futuras, creando una relación de confianza y colaboración a largo plazo.

Además, esta profundización en la comprensión del cliente permite una alineación más precisa con sus valores y expectativas. Al hacer esto, no solo se mejora la eficacia de los servicios ofrecidos, sino que también se fortalece la lealtad del cliente. Los clientes se sienten entendidos y valorados, lo que a menudo resulta en relaciones comerciales más fuertes y duraderas. En última instancia, entender a los clientes a este nivel no solo beneficia su camino hacia una vida extraordinaria, sino que también enriquece la práctica profesional, llevándola a nuevos niveles de satisfacción y éxito.

La primera fase de la metodología TAOx se enfoca en transformar nuestra propuesta de valor, priorizando las necesidades específicas de los clientes antes de abordar aspectos como el marketing, diseño o comunicación de la marca. Este proceso implica un compromiso con la búsqueda de resultados que realmente importan a nuestros clientes, lo cual puede conducir a la creación de un servicio de mayor valor o una escalera de servicios diseñada para el viaje del cliente.

Al re-diseñar nuestra oferta con este enfoque, podemos aumentar nuestro ticket promedio y atraer a clientes más comprometidos. Estos clientes no buscan solamente el precio más bajo; están en la búsqueda de un aliado que entienda profundamente sus necesidades y desafíos, algo que a menudo no encuentran en un mercado saturado de servicios tratados como simples commodities. Al convertirnos en ese aliado estratégico, ofrecemos no solo un servicio, sino una experiencia y una solución integral, estableciendo así una relación de mayor confianza y colaboración.

Áreas más importantes de la etapa de transformación

El Nicho

El nicho es un segmento del mercado que tiene características, necesidades y problemas específicos, que no están siendo atendidos o resueltos por la oferta general. Al enfocarte en un nicho, puedes ofrecer una propuesta de valor única y diferenciada, que te permita atraer y fidelizar a clientes de alto valor.

Un paso importante para identificar y definir tu nicho es la especialización. La especialización consiste en elegir un área de conocimiento, una industria, un tipo de cliente, o una solución, en la que te vas a enfocar y a profundizar. Al especializarte, puedes desarrollar una mayor competencia y credibilidad, que te posicionen como un experto o una autoridad en tu campo.

Por ejemplo, si te dedicas al desarrollo web, puedes especializarte en crear sitios web para negocios locales. Estos negocios tienen necesidades y problemas específicos, como atraer clientes de su zona, diferenciarse de la competencia, o generar confianza en su comunidad. Al especializarte en este nicho, puedes ofrecer estrategias de marketing localizadas y personalizadas, que les ayuden a destacar y a crecer.

Muchas personas, y me incluyo yo, hemos tenido miedo o problemas al elegir un nicho y es que sentimos que nuestros servicios son válidos para una cantidad de amplia de clientes y esto puede ser cierto, pero al mismo tiempo puede limitarte.

Y es que ser 'generalista' por pensar que así podrás venderle a una mayor variedad de tipos de clientes, en realidad te hace competir contra todos por un pedazo cada vez más pequeño del pastel.

Algunas ventajas de la especialización:

- Autoridad y Expertise: Al enfocarte en un nicho específico, puedes desarrollar un profundo conocimiento y convertirte en una autoridad en esa área. Esto te distingue de competidores con servicios más genéricos.

- Marketing Efectivo: Al conocer íntimamente a tu audiencia objetivo, puedes crear mensajes de marketing más personalizados y efectivos, aumentando la resonancia y el engagement.

- Menor competencia: Al especializarte, enfrentas menos competencia directa, lo que puede facilitar la captación de clientes y la construcción de una base leal.

- Precios Premium: La especialización permite justificar tarifas más altas, ya que ofreces soluciones específicas y de alto valor que no están disponibles en el mercado general.

Cuando te especializas no estás rechazando oportunidades, estás eligiendo las oportunidades que te convienen, estás eligiendo desde tu IKIGAI, estás decidiendo competir por un pastel al que pocos están prestando atención.

Te comparto algunos ejemplos de nichos en el contexto de agencias de marketing:

1. Estrategias de contenido para startups tecnológicas
2. Optimización de conversión para e-commerce de moda
3. Publicidad en redes sociales para aplicaciones móviles
4. Branding digital para artistas y creativos
5. SEO para blogs de viajes y turismo
6. Email marketing para negocios de alimentación saludable
7. Gestión de reputación online para profesionales del sector financiero
8. Automatización de marketing para consultorías B2B
9. Análisis de datos y big data para mejorar la experiencia del cliente en retail
10. Marketing de influencia para marcas ecológicas

Como verás, cada nicho tiene un camino diferente para solucionar esas necesidades, focalizarnos nos ayuda a volvernos los mejores en algo específico, también facilita la sistematización, esto no significa que solo nos vayamos a dedicar a eso, podemos diversificar y crear productos y servicios diferentes, pero cada uno pensado en necesidades de segmentos que tengan características similares.

De la elección de nicho va a depender el enfoque de las siguientes decisiones que tomemos, como por ejemplo la transformación

La Transformación

Está estrechamente vinculada al ROI externo que hablamos anteriormente, es aquello que volverá a tu servicio en uno de alto impacto y la razón por la cual tu prospecto va a estar de acuerdo con pagar por tus servicios y estar emocionado por hacerlo. Esta variable es 100% dependiente del nicho ya que la transformación depende de los dolores, metas y deseos particulares de cada perfil y estos cambian de acuerdo a las características de cada nicho.

Hay 3 preguntas básicas que me ayudan a definir una buena transformación y estas son:

¿Cómo es la vida de mi prospecto antes de conocer mi servicio?
¿Cómo es la vida de mi prospecto luego de utilizar mis servicios?
¿Cómo sería la vida de mi prospecto si no utiliza mis servicios?

Y aquí también resalta la importancia de la elección de un nicho y de la especialización, ya que una buena transformación está ligada a la superación de dolores y necesidades específicas y en ese sentido cada nicho expresa esas necesidades de manera diferente.

Para encontrar una buena transformación hay que definir qué cambio deseas lograr en tus clientes. En el caso de un coach de vida, podría ser ayudar a los clientes a lograr un mejor equilibrio entre trabajo y vida personal, lo cual se traduce en mayor satisfacción y productividad.

Algunos ejemplos de transformaciones en varios nichos:

- Entrenador personal: Transformar la resistencia física de un cliente, logrando un incremento del 50% en su capacidad cardiovascular en 6 meses mediante un programa de entrenamiento personalizado.
- Asesor financiero: Ayudar a un cliente a reducir sus deudas en un 30% y aumentar sus ahorros en un 25% dentro de un año, a través de una planificación financiera estratégica.
- Especialista en marketing digital: Aumentar la presencia online de una pequeña empresa, duplicando su tráfico web y mejorando las conversiones en un 40% en tres meses mediante estrategias de contenido y SEO.
- Coach de vida: Facilitar un cambio significativo en la vida de los clientes, ayudándoles a alcanzar un equilibrio entre trabajo y vida personal que resulte en un 30% más de satisfacción y productividad en 4 meses.
- Consultor de productividad: Mejorar la eficiencia operativa de una empresa en un 35% en 6 meses, implementando sistemas de gestión del tiempo y herramientas de productividad.

- Especialista en dieta y nutrición: Lograr que un cliente alcance su peso objetivo, reduciendo un 15% su peso corporal en 6 meses a través de un plan de alimentación personalizado y seguimiento constante.
- Experto en branding personal: Posicionar a un profesional como líder de opinión en su campo, incrementando su visibilidad y red de contactos en un 50% en 6 meses mediante estrategias de contenido y networking.
- Consultor de sostenibilidad: Transformar las operaciones de una empresa para reducir su huella de carbono en un 20% en un año, a través de la implementación de prácticas sostenibles y tecnologías verdes.
- Coach de relaciones: Ayudar a los clientes a mejorar la calidad de sus relaciones personales, logrando un 40% más de satisfacción en sus vínculos en 5 meses.
- Experto en organización y decluttering: Transformar el espacio vital de un cliente, reduciendo el desorden en un 70% y mejorando la funcionalidad del hogar en 3 meses.

El Vehículo (Servicio)

Ya tenemos claro a quienes vamos a vender, también tenemos claro que queremos lograr, el vehículo responde a una pregunta importante en este proceso: ¿Cómo lo vamos a lograr?

Como verás, el vehículo es dependiente de la transformación, por eso, el vehículo es la explicación de cómo tu servicio la hará posible. Si ofreces desarrollo de aplicaciones móviles, tu vehículo podría ser una app que mejore la interacción del cliente con su base de usuarios, aumentando su compromiso y fidelidad.

Cuando hablamos del vehículo que impulsa la transformación en nuestros clientes, nos referimos al conjunto de servicios que ofrecemos. Es crucial diseñar este "vehículo" no solo con eficacia y calidad en mente, sino también con un ojo puesto en la escalabilidad. La trampa en la que muchos caen es crear un servicio tan personalizado y dependiente de su intervención directa, que se convierte en una carga insostenible a medida que el negocio crece. Imagina un servicio que inicialmente parece ser la solución perfecta, pero que con el tiempo te ata más a operaciones diarias, limitando tu capacidad para expandirte y atender a más clientes.

La clave está en encontrar el equilibrio perfecto entre personalización y estandarización, permitiendo que el servicio crezca contigo y tus clientes, sin convertirse en un obstáculo para la expansión. Este enfoque te permitirá mantener la calidad y el impacto de tu servicio, asegurando al mismo tiempo que tu negocio pueda escalar de manera efectiva.

En el caso de mis servicios, tengo dos vehículos principales de mis dos programas always-on:

- Un vehículo "Hecho contigo" (Done-with-you), formado por una mezcla de contenido on-demand y mentoría de acompañamiento que te guía en el paso a paso y las tomas de decisiones, pero la ejecución está a cargo del cliente.
- Un vehículo "Hecho para ti" (Done-for-you), generalmente enfocado en empresas establecidas que quieran aplicar mi metodología para escalar sus ventas, en este caso, tienen igualmente acceso a contenido on-demand pero lo más importante del servicio es que también participamos de la ejecución y de la operatividad de la estrategia.

Como verás, el servicio Done-with-you, es más escalable ya que consiste en acompañamiento, compartir un framework y hacer seguimiento de la correcta ejecución, por otro lado el servicio Done-for-you es menos escalable porque se participa de la ejecución, pero así mismo es un servicio con un ticket aún mayor, una suerte de upgrade de nuestros servicios, que justifica el costo adicional que nos representa en la agencia gestionar a este tipo de clientes.

Cuando diseñes un vehículo no solo pienses en el presente, analiza:

¿Qué sucedería si tu servicio es un éxito?

¿Cómo manejarías un flujo mayor de clientes?

¿La entrega del servicio es delegable?

¿El servicio es escalable o cuál es el límite de tu capacidad operativa?

Como te darás cuenta, muchas empresas no se hacen estas preguntas, por eso, cuando el éxito los sorprende no saben crecer y empieza a decaer la calidad de sus servicios o productos, esto es porque no tienen procesos claros de cómo gestionar una gran demanda. Este no será tu caso ya que, aunque empezarás con unos pocos pasos, vas a pensar en grande.

En el corto plazo, probablemente tu participes de las áreas clave en la entrega del servicio, no te preocupes por eso, pero ten en cuenta cuál es tu capacidad operativa actual y, llegado el momento de delegar, cuáles son las tareas que empezarás a dejar en mano de otras personas, recuerda que no se trata solo de alcanzar un alto nivel de facturación, sino también de disfrutar de los réditos de tu trabajo.

Ejemplos de vehículos serían:

- Entrenador personal: Servicio "Done with You" - Programa de entrenamiento personalizado con sesiones semanales de coaching en persona o en línea.
- Asesor financiero: Servicio "Done for You" - Planificación financiera y gestión de deudas realizada por el asesor, con revisiones periódicas.
- Especialista en marketing digital: Servicio "Done for You" - Implementación completa de estrategias de SEO y marketing de contenido por parte del especialista.

El vehículo también transporta diferenciación.

La entrega de tu servicio o vehículo no solo reflejan la calidad y el valor que ofreces, sino que también comunican tu diferenciación en el mercado. Al crear un vehículo único de transformación, te posicionas lejos de la competencia basada únicamente en precio, ya que ofreces una experiencia y un resultado que no pueden ser fácilmente comparados con servicios estándar basados en entregables. Esta distinción es crucial para atraer clientes que buscan soluciones específicas y altamente efectivas, no solo la opción más económica.

Desarrollar un enfoque propio que resuelva de manera integral los problemas de tus clientes te permite escapar de las comparaciones directas con competidores que puedan ofrecer servicios similares pero menos personalizados.

Por ejemplo, mientras que un servicio por entregables puede ser evaluado y comparado fácilmente en términos de costo y cantidad, un programa de transformación diseñado específicamente para las necesidades únicas de un cliente destaca por su valor intrínseco y su potencial para generar cambios significativos. Esto no solo eleva tu oferta, sino que también fomenta una percepción de exclusividad y especialización en tu área, atrayendo a clientes dispuestos a invertir en soluciones de alto impacto.

El Precio

Estamos aquí por eso, por revalorizar nuestros servicios y es aquí donde necesitamos alcanzar toda la madurez y seguridad posible ya que normalmente nos cuesta creer que hay clientes dispuestos a pagar bien por un servicio bien definido, muchos suelen juzgar el futuro de los clientes potenciales basado en su experiencia previa, pero quítate eso de la cabeza, estás aquí para romper ese camino que no iba a llegar a ningún lugar. Continuando la cadena de 'dependencias', el precio es dependiente del vehículo y es que la entrega del servicio tiene que ser rentable para ti y permitirte cumplir con la promesa de transformación.

Cuando evaluamos el precio de nuestros servicios en relación al valor que proporcionan, es crucial considerar el impacto real y medible que tienen en el negocio de nuestros clientes. Tomemos como ejemplo una empresa que factura 30,000 USD al mes. Si mediante nuestras estrategias de funnels logramos un incremento del 20% en sus ventas, esto se traduce en 6,000 USD adicionales cada mes. A lo largo de un año, este incremento se acumula, sumando un total de 72,000 USD adicionales en facturación para el cliente.

En este contexto, cobrar 2,000 USD mensuales por nuestros servicios puede parecer inicialmente elevado. Sin embargo, al ponerlo en perspectiva con el aumento de ingresos generado para el cliente, la inversión en nuestros servicios se justifica plenamente. Esta relación entre costo y beneficio redefine lo que se considera "caro" o "económico". El valor real de nuestros servicios se hace evidente no solo en términos de calidad y eficacia, sino también en el impacto tangible y cuantificable en el negocio del cliente.

Por lo tanto, al presentar nuestra propuesta de valor, es fundamental comunicar de manera efectiva este impacto potencial en los ingresos del cliente. Al hacerlo, no solo estamos justificando nuestro precio, sino que también estamos ayudando al cliente a visualizar el retorno de inversión, convirtiendo la percepción del costo inicial en una inversión inteligente y rentable a largo plazo. Este enfoque subraya la importancia de alinear nuestros servicios con los objetivos y necesidades específicas del cliente, y demuestra cómo lo "caro" o "barato" es, en última instancia, una cuestión de percepción basada en el valor recibido.

La percepción de valor es una palanca crucial en la determinación del precio de tus servicios o productos. Imagina por un momento que lo que ofreces es una transformación profunda, algo que realmente cambia el juego para tus clientes. Esta transformación, cuando se comunica y se entrega efectivamente, puede hacer que lo que parecería "caro" a simple vista se convierta en una inversión invaluable. Piénsalo como un Ferrari: si comprendes el valor intrínseco, el diseño, el rendimiento y la exclusividad que representa, su precio alto no solo se justifica, sino que puede incluso parecer una ganga.

Para ilustrar este punto, consideremos el impacto de tu servicio. Si logras que una empresa incremente significativamente sus ingresos o ahorre una cantidad considerable de recursos gracias a tu intervención, el costo de tu servicio se relativiza frente al valor aportado. En este contexto, tu oferta no se percibe como un gasto, sino como un vehículo hacia mayores beneficios y eficiencias.

Además, la forma en que presentas tu servicio influye en cómo se percibe su valor. La narrativa que construyes alrededor de tu oferta, las historias de éxito de clientes anteriores y la claridad con la que comunicas los resultados esperados son todos factores que pueden elevar la percepción de valor. Es como ver ese Ferrari en un showroom impecable, con cada detalle pensado para destacar su exclusividad y calidad superior.

Por otro lado, es esencial mantener una alineación entre la promesa de tu servicio y la entrega real. La percepción de valor se sostiene no solo en la promesa inicial, sino en la confirmación de esa promesa a través de resultados tangibles. Cuando los clientes experimentan de primera mano la transformación que tu servicio les prometía, el precio inicial se convierte en una inversión más que justificada.

Recuerda, el precio es solo la punta del iceberg. Lo que realmente convence a alguien de abrir su billetera es la promesa de una transformación significativa en su vida o negocio, facilitada por lo que tú ofreces. Por lo tanto, la validación del precio es un baile constante entre entender, comunicar y entregar valor, un proceso que nunca termina, pero que es esencial para el crecimiento y la sostenibilidad de tu negocio.

Sistema de Atracción:

Hasta este punto ya tienes definido un nicho que te permite ser relevantes, tienes claro cuál será esa transformación que te convierte en el socio estratégico de ese nicho, para lograr esta transformación haz desarrollado un servicio único y que permite transportar al cliente en el camino hasta la transformación, pero falta una cosa: ¿Cómo empieza a rodar la máquina?

Míralo de esta manera: Has convertido tu servicio en un ferrari, ¡Todos quieren un ferrari! Pero pocos lo pueden pagar.

Pero tu Ferrari es diferente, es un Ferrari que te ayuda a generar muchísimo más dinero del que cuesta. Es decir, ¿Un Ferrari que en lugar de costarme, me va a hacer ganar dinero? ¿Donde firmo?

Pero nadie conoce ese Ferrari, no tiene gasolina para moverse, lo tienes parqueado en tu garage, escondido del mundo, ¡Aquí entra tu sistema de atracción!

Para que tu Ferrari salga del garaje y demuestre su valor, es fundamental emplear un sistema de atracción efectivo, hay dos vías para hacerlo: Atraer (inbound marketing) y buscar (outbound marketing).

El enfoque inbound se centra en crear y compartir contenido relevante y valioso para tu audiencia, con el objetivo de atraer clientes potenciales de manera orgánica. Este método se basa en la construcción de relaciones a largo plazo, educando y nutriendo a tus prospectos hasta que estén listos para tomar una decisión de compra.

Por otro lado, el enfoque outbound es más directo, implicando tácticas como la publicidad pagada, prospección en frío y el email marketing para llegar activamente a clientes potenciales. A diferencia del inbound, que permite a los clientes encontrarte a su propio ritmo, el outbound busca captar su atención de manera inmediata, lo que puede ser especialmente útil para resultados a corto plazo o para impulsar lanzamientos específicos.

Ambas estrategias, aunque diferentes en su ejecución, son complementarias. Mientras que el inbound trabaja constantemente en el fondo, construyendo tu marca y estableciéndote como una autoridad en tu nicho, el outbound puede ser utilizado para generar picos de interés y captar clientes que pueden haber sido pasados por alto por tus esfuerzos inbound.

Integrar ambos métodos te permite no solo maximizar tu alcance y visibilidad, sino también adaptarte a las diferentes etapas del viaje del cliente. Algunos prospectos pueden responder mejor a un enfoque directo cuando tienen una necesidad inmediata, mientras que otros pueden preferir el proceso más gradual y educativo del inbound.

¿Empiezo por atraer o empiezo por buscar?

La realidad es que ambos enfoques son complementarios, en esta primera etapa del método TAOx nos concentramos en entender qué podemos hacer para ambas estrategias, tener claridad sobre los diferentes recursos que necesitamos desarrollar.

Para crear una estrategia de inbound marketing, considera estas preguntas:

¿Cuál es mi audiencia objetivo (nicho) y cuáles son sus principales desafíos o necesidades?

¿Qué tipo de contenido valioso puedo ofrecer para educar y atraer a mi audiencia?

¿Cuáles son los mejores canales para distribuir mi contenido y llegar a mi audiencia?

¿Cómo puedo mejorar mi visibilidad en línea?

¿Qué métricas debo monitorear para evaluar el éxito de mi estrategia de inbound marketing?

Para una estrategia de outbound marketing, estas preguntas son clave:

¿Cuál es el perfil detallado de mi cliente ideal para campañas dirigidas?

¿Qué métodos de comunicación directa son más efectivos para mi audiencia (email, llamadas en frío, publicidad pagada)?

¿Cómo puedo personalizar mi mensaje de outbound para resonar mejor con mi público objetivo?

¿Qué tipo de oferta o llamado a la acción generará una respuesta inmediata de mis prospectos?

¿Cómo puedo asegurarme de que mis esfuerzos de outbound marketing sean percibidos como valiosos y no intrusivos?

Recapitulando...

La etapa de Transformación es esencial en el rediseño de la propuesta de valor de un negocio, enfocándola en satisfacer de manera efectiva las necesidades de los clientes. Esta fase implica una comprensión profunda del nicho de mercado específico, identificando los retos y oportunidades únicas que este presenta. Aquí, el objetivo es cambiar no solo el servicio ofrecido, sino también la percepción y el valor del trabajo realizado por parte del cliente.

Este proceso comienza con una identificación precisa y un análisis detallado del nicho de mercado. Se trata de entender profundamente los desafíos y las necesidades de los clientes dentro de este nicho, lo que permite una redefinición más informada y alineada de la propuesta de valor. La transformación del servicio implica ajustar o re-diseñar lo que se ofrece (el "vehículo" de transformación) para que efectivamente facilite el cambio deseado en los clientes.

Una parte crucial de esta etapa es la estructuración de los precios. Los precios deben reflejar el valor y el impacto de la transformación ofrecida. Esto asegura que el negocio no solo atraiga a clientes dispuestos a pagar por servicios de alta calidad, sino que también establezca relaciones duraderas y basadas en el éxito mutuo.

Finalmente, la fase de Transformación incluye el desarrollo de un sistema efectivo para atraer a los clientes adecuados. Este sistema debe estar diseñado para identificar y captar aquellos clientes que más se beneficiarán del servicio transformador ofrecido, asegurando así una relación cliente-proveedor que es tanto valiosa como satisfactoria.

Cada uno de estos componentes es vital para garantizar que la propuesta de valor sea no solo atractiva y relevante para el mercado objetivo, sino también sustentable y escalable a largo plazo. La Transformación, en última instancia, es el cimiento sobre el cual se construye un negocio exitoso y centrado en el cliente.

Etapa de Acción/Aceleración.

Nada sucede hasta que no existe una venta.

La etapa de "Aceleración/Acción" es el corazón de la metodología TAOx, donde la teoría se encuentra con la práctica. Esta fase se basa en el principio de la "acción masiva e imperfecta". Aquí, se enfatiza la importancia de tomar medidas decisivas y valientes, incluso cuando las condiciones parecen no estar completamente a nuestro favor. Este enfoque dinámico es crucial para aprender, adaptarse y evolucionar rápidamente en el competitivo mundo empresarial.

En esta etapa, reconocemos que todo lo que hemos planificado y desarrollado hasta ahora son hipótesis que necesitan validación. La acción, por lo tanto, se convierte en un mecanismo de prueba esencial para estas teorías. El objetivo de la Aceleración/Acción es salir al mercado con rapidez para validar nuestras hipótesis, aprendiendo directamente de la experiencia real y los resultados tangibles. Este proceso de validación no es un evento único, sino un ciclo continuo de pruebas, aprendizaje y ajuste.

La Aceleración/Acción nos desafía a movernos rápidamente, a cometer errores y aprender de ellos, y a adaptar nuestra estrategia en función de los comentarios y los datos recopilados. Esta fase es menos sobre la perfección y más sobre el progreso. Nos impulsa a salir de nuestra zona de confort, a experimentar y a encontrar nuevas formas de satisfacer las necesidades de nuestros clientes y del mercado.

"Nada sucede hasta que sucede una venta"

Es una máxima en el mundo de los negocios que resalta la importancia fundamental de las ventas. A menudo, las personas pueden sentir miedo o resistencia a vender, pero es crucial superar esta barrera. Vender no debería ser visto como una tarea onerosa o algo de lo que avergonzarse. En realidad, vender es ayudar; es un medio esencial para proporcionar soluciones y valor a los clientes.

Entender que vender es un acto de servicio cambia la perspectiva. En nuestro caso, al ofrecer servicios que transforman y mejoran los negocios o la vida de nuestros clientes, estamos cumpliendo con una obligación moral y profesional de presentar estos servicios a quienes pueden beneficiarse de ellos. Al vender, no solo impulsamos nuestro negocio, sino que también participamos activamente en el crecimiento y el éxito de nuestros clientes.

Por lo tanto, es importante abrazar el rol de ventas con confianza y verlo como una extensión natural de nuestro compromiso de ayudar y aportar valor. Al superar el miedo a vender, nos abrimos a más oportunidades para hacer una diferencia significativa en la vida de las personas y en el mercado en general.

Ser un profesional enfocado en la acción significa adoptar una mentalidad proactiva en todas las áreas del negocio, incluidas las ventas. La venta no solo implica el intercambio de bienes o servicios por dinero; es también sobre establecer y nutrir relaciones, comprender y atender las necesidades del cliente, y proporcionar soluciones efectivas.

Adoptar un enfoque activo y orientado a la solución en las ventas puede transformar la percepción de esta actividad de ser una tarea desafiante a una oportunidad gratificante de conectar y ayudar.

Además, la mentalidad proactiva en las ventas ayuda a superar los desafíos comunes como la objeción o la incertidumbre del cliente. Al estar preparados y centrados en la acción, podemos abordar estas situaciones no como obstáculos insuperables, sino como oportunidades para demostrar aún más el valor de nuestras ofertas. Esta actitud también nos prepara para adaptarnos y responder rápidamente a las cambiantes demandas del mercado y las necesidades de los clientes.

La oferta mínima viable y los coches de carrera

Imagina que estás en una carrera de autos, pero en lugar de ir a toda velocidad desde el inicio, decides primero probar la pista con una vuelta de reconocimiento. Eso es lo que hacemos en la etapa de "Aceleración/Acción" con la mínima oferta viable. Aquí no se trata de construir el coche más rápido y más caro de inmediato, sino de construir un vehículo que sea lo suficientemente bueno para darte una idea real de la carrera.

Piensa en la mínima oferta viable como tu prototipo inicial. Es como cuando preparas una nueva receta por primera vez. No empiezas cocinando para un banquete de cien personas. Primero haces una pequeña prueba para ver si los sabores funcionan. Y así es cómo validamos nuestras ideas en el mundo real, sin arruinarnos en el proceso.

La clave aquí es el aprendizaje rápido y la adaptación. Cada vez que pruebas tu oferta en el mercado, es como recibir una lección invaluable directamente de tus clientes. Y, lo mejor de todo, es que este método te permite ajustar tu ruta sin grandes costos ni compromisos a largo plazo.

Así que, en esta fase de "Aceleración/Acción", nos lanzamos al mercado, pero con un enfoque inteligente y calculado. Nos movemos rápidamente, pero también estamos atentos a las señales del camino, listos para ajustar nuestra dirección según sea necesario. Es un emocionante proceso de descubrimiento, aprendizaje y crecimiento. Y recuerda, en este viaje, no solo estás vendiendo un producto o servicio; estás ofreciendo un pedazo de la solución que alguien está buscando activamente.

Para cada área de la etapa de Transformación, podemos formular hipótesis y métodos para confirmarlas a través de una oferta mínima viable:

Ejemplos de hipótesis de nicho

Nicho de salud y bienestar

Hipótesis: Un programa de bienestar personalizado aumentará significativamente la satisfacción y la retención de clientes en un gimnasio.

Experimento: Implementar un programa piloto de bienestar personalizado para un grupo de miembros y comparar su tasa de retención y satisfacción con un grupo de control.

Nicho de asesoría financiera para pequeñas empresas

Hipótesis: Las pequeñas empresas valorarán y se beneficiarán de un servicio de asesoría financiera enfocado en estrategias de crecimiento sostenible.

Experimento: Ofrecer sesiones gratuitas de asesoría financiera a un número limitado de pequeñas empresas y medir el interés y los cambios en su rendimiento financiero.

Nicho de consultoría en tecnología para educación

Hipótesis: Las instituciones educativas están dispuestas a invertir en soluciones tecnológicas personalizadas que mejoren la experiencia de aprendizaje.

Experimento: Desarrollar y ofrecer una demostración de una solución tecnológica personalizada a un grupo de instituciones educativas y medir la respuesta y el interés en el servicio.

Ejemplos de hipótesis de transformación

Transformación en el Sector de la Salud

Objetivo: Reducir el tiempo de espera de los pacientes en un centro médico en un 30% en seis meses.

Medición: Monitorear y comparar los tiempos de espera antes y después de implementar un nuevo sistema de gestión de citas.

Transformación en Retail Online

Objetivo: Aumentar la tasa de conversión de ventas online de una tienda de ropa en un 25% en cuatro meses.

Medición: Rastrear y analizar la tasa de conversión de ventas antes y después de optimizar el sitio web y la experiencia del usuario.

Transformación en Educación

Objetivo: Mejorar el rendimiento académico de los estudiantes en un programa educativo, aumentando la tasa de aprobación en un 20% en un año escolar.

Medición: Comparar las tasas de aprobación y desempeño académico de los estudiantes antes y después de implementar nuevas metodologías de enseñanza.

Una transformación efectiva debe estar profundamente alineada con los dolores, necesidades e intereses de tu buyer persona. No se trata solo de ofrecer un cambio, sino de garantizar que ese cambio sea significativo, relevante y valioso para quienes buscas servir.

Para asegurarte de que la transformación propuesta resuene con tu buyer persona, considera estas preguntas:

¿Cómo se alinea esta transformación con los principales desafíos y objetivos de mi buyer persona?

¿Qué impacto tangible tendrá esta transformación en la vida o negocio de mi buyer persona?

¿Esta transformación aborda un dolor lo suficientemente crítico como para que mi buyer persona esté dispuesta a invertir en la solución?

¿Cómo mejorará esta transformación la situación actual de mi buyer persona de manera significativa y medible?

¿Hay evidencia o indicadores que sugieran que mi buyer persona valora y busca activamente soluciones para este tipo de transformación?

Validando nuestro vehículo

Para validar la efectividad de un vehículo en la etapa de acción y asegurar su alineación con la transformación propuesta, es crucial adoptar un enfoque metódico y basado en datos. Esto implica definir indicadores específicos de éxito que reflejen directamente la transformación deseada. Por ejemplo, si tu servicio se centra en mejorar la eficiencia operativa de las pequeñas empresas, los indicadores podrían incluir la reducción del tiempo dedicado a tareas administrativas o el aumento del rendimiento de los empleados.

Una forma efectiva de validar estos indicadores es mediante la implementación de pruebas piloto o estudios de caso con un grupo selecto de clientes. Este enfoque permite observar de cerca cómo tu servicio impacta en situaciones reales, proporcionando insights valiosos sobre su eficacia y áreas de mejora. Por ejemplo, podrías ofrecer tu servicio a una pequeña empresa local a cambio de un análisis detallado de su impacto en la operación del negocio.

Además, el feedback directo de los clientes es indispensable. Realizar encuestas, entrevistas o sesiones de feedback te permitirá entender no solo los resultados tangibles de tu servicio, sino también cómo se percibe su valor. Este feedback puede revelar aspectos cruciales sobre la experiencia del cliente y cómo tu servicio facilita (o no) la transformación deseada.

En resumen, validar la efectividad de tu vehículo en la etapa de acción requiere un enfoque integral que combine análisis cuantitativo con insights cualitativos.

Al centrarte en los resultados y estar abierto a ajustar tu servicio según las necesidades de tus clientes, puedes asegurar que tu vehículo no solo sea efectivo, sino también esencial para la transformación que buscas impulsar.

Al final, lo más importante para validar el vehículo es entregando el servicio a tus primeros clientes y comprendiendo si efectivamente eres capaz de dar los resultados propuestos bajo esa modalidad de trabajo o te toca reforzar tus servicios en algún área que detectaste al momento de la entrega.

Algunos apuntes sobre mi experiencia en esta etapa.

Al comenzar mi viaje como consultor, diseñé mi metodología enfocándome estrictamente en los aspectos técnicos, subestimando la importancia de la mentalidad en el proceso de transformación. No pasó mucho tiempo antes de que notara una tendencia preocupante: muchos clientes, a pesar de tener el potencial para escalar y mejorar sus servicios, se veían obstaculizados por su propia autoconfianza. Esta falta de fe en sus capacidades les impedía aumentar sus tarifas o expandirse, prefiriendo culpar a factores externos como el mercado, los clientes o la competencia por sus resultados insatisfactorios.

Esta comprensión fue una revelación, y pronto me di cuenta de que para facilitar una verdadera transformación, necesitaba abordar no solo las habilidades técnicas, sino también fortalecer la mentalidad de mis clientes. Así, decidí incorporar módulos de mentalidad dentro de mi servicio. Esta adición no solo enriqueció mi oferta, sino que también me obligó a reconocer la importancia de validar y adaptar continuamente nuestro "vehículo" de servicio para satisfacer no solo las necesidades técnicas sino también las barreras psicológicas que impedían a los clientes alcanzar su máximo potencial.

Además, descubrí que el contenido on-demand por sí solo no era suficiente para instigar la confianza y la autonomía en la toma de decisiones de mis clientes. Muchos valoraban enormemente las sesiones de seguimiento semanales, donde podían compartir sus inquietudes y recibir orientación directa. Esta interacción personalizada se convirtió en un componente crucial de mi servicio, permitiéndome no solo impartir conocimiento, sino también ofrecer el apoyo y la confianza que mis clientes necesitaban para tomar decisiones informadas y valientes por sí mismos. Esta adaptación reforzó la idea de que un servicio efectivo debe ser integral, abordando tanto las necesidades técnicas como las emocionales y mentales para lograr una transformación significativa.

¿Cómo validamos el precio?

Validar el precio de lo que ofrecemos es un momento decisivo, y sucede en ese instante mágico en el que alguien decide que lo que tienes vale lo suficiente como para intercambiar su dinero por ello. Este momento es a la vez simple y complejo, porque la decisión de compra rara vez se basa en si algo es barato o caro en términos absolutos. En cambio, se trata de la percepción de valor que el cliente tiene sobre tu servicio o producto.

Esta percepción de valor es un mosaico compuesto por diversas piezas: la calidad de tu oferta, la credibilidad de tu marca, la experiencia que proporcionas y, no menos importante, la manera en que comunicas y conectas con las necesidades y deseos de tu cliente. No se trata solo de satisfacer una necesidad básica, sino de resonar con las aspiraciones, los miedos y las pasiones de quienes esperas servir.

Por lo tanto, para validar efectivamente tu precio, debes sumergirte en el mundo de tus clientes potenciales y entender qué es lo que verdaderamente valoran, por eso debes prestarle atención a las siguientes preguntas:

¿Qué es lo que transmite más valor a mis clientes?

¿Es la tranquilidad que tu servicio les brinda?

¿La posibilidad de alcanzar sus metas más rápidamente?

¿O tal vez la sensación de pertenencia o exclusividad que tu producto les ofrece?

Al descifrar estos códigos, podrás ajustar no solo tu precio, sino toda tu propuesta de valor para alinearla con las expectativas de tus clientes.

Una historia personal sobre el precio...

Al iniciar mi programa de mentoría, no esperaba las revelaciones que algunos participantes traerían. Entre ellos, una agencia que, sin que yo lo supiera, había sido reemplazada por mi propia firma en una cuenta del sector de salud, de hecho no me enteré de este detalle hasta varios meses después de haber empezado el mentoring.

Este hecho por sí solo no era relevante, pero lo que compartieron después sí lo fue. Se unieron a mi mentoría no solo para mejorar sus habilidades, sino para entender cómo mi agencia había logrado negociar tarifas significativamente más altas por servicios que, en la superficie, parecían similares a los suyos. Este descubrimiento subrayó la importancia de la percepción de valor en la fijación de precios.

La curiosidad de la agencia sobre nuestras tarifas reveló una lección fundamental: la percepción de valor por parte del cliente es un factor crucial que influye en su disposición a pagar. En su caso, habían aceptado tarifas más bajas y enfrentado retrasos en los pagos, mientras que nosotros habíamos asegurado pagos más altos y por adelantado de la misma empresa. Este contraste les llevó a cuestionar su propia estrategia de precios y el valor que comunicaban a los clientes. Su determinación por desentrañar el "cómo" detrás de nuestra estructura de precios fue un testimonio de la complejidad de valorar y vender servicios.

Esta experiencia fue un punto de inflexión tanto para la agencia como para mí. Subrayó la necesidad de articular claramente el valor único que nuestros servicios aportan a los clientes. No se trataba solo de competir en precio, sino de comunicar efectivamente cómo nuestra oferta podía transformar sus negocios de manera que justificara una inversión mayor. Para la agencia, y para muchos otros en mi programa de mentoría, esta historia se convirtió en un poderoso recordatorio de que, en el mundo de los servicios, la percepción de valor puede ser tan determinante como el valor mismo.

Esta experiencia personal disuelve una gran objeción que suelen tener mis estudiantes, pensar que en su país (No importa el país, la objeción es la misma), la gente no está dispuesta a pagar bien por sus servicios, otras variantes es pensar que los clientes no valoran los servicios o que la competencia ha dañado el mercado con sus precios bajos y no tienes más alternativa que competir por precio también.

La realidad es que el mismo cliente tacaño, puede pagar bien y por adelantado si la oferta que tiene por delante lo justifica, por tanto es nuestra responsabilidad como diseñadores del servicio, crear algo tan bueno que haga que tus prospectos se sientan tontos si no la aceptan.

¿Cómo validamos el sistema de atracción?

Para validar tu sistema de atracción, comienza con una comprensión profunda de tus herramientas y canales. Ya sea a través de contenido, SEO, redes sociales o publicidad pagada, cada método tiene su propio conjunto de métricas para analizar. Al sumergirte en los datos, puedes identificar qué tácticas resuenan más con tu audiencia objetivo.

Experimenta con diferentes enfoques dentro de cada canal. Por ejemplo, en redes sociales, varía el tipo de contenido entre educativo, inspiracional y promocional. Usa herramientas analíticas para rastrear el engagement, el alcance y la conversión de cada tipo de publicación.

La segmentación detallada en tus campañas de email marketing puede revelar insights valiosos sobre las preferencias de contenido de tu audiencia. Prueba diferentes líneas de asunto, formatos de correo electrónico y llamadas a la acción para ver qué genera mayor apertura y clics.

No subestimes el poder del marketing de contenidos y el SEO. Publicar contenido relevante y de alta calidad que se alinee con las consultas de búsqueda de tu público puede mejorar significativamente tu visibilidad online y atraer tráfico cualificado a tu sitio.

Por último, mantén un enfoque iterativo. El marketing digital está en constante evolución, y lo que funciona hoy puede no ser efectivo mañana. Mantente al tanto de las tendencias, ajusta tus estrategias basadas en el rendimiento y sigue validando tu sistema de atracción con un enfoque basado en datos.

A continuación te comparto una lista de los principales KPIs que puedes utilizar para evaluar tu sistema de atracción:

- Tasa de conversión: Mide el porcentaje de visitantes que realizan una acción deseada (como una compra). Se calcula dividiendo el número de conversiones entre el total de visitantes y multiplicando el resultado por 100.

- Costo por adquisición (CPA): Este KPI indica cuánto te cuesta adquirir un cliente. Se mide dividiendo el costo total de tus campañas de marketing entre el número de clientes adquiridos.
- Valor de vida del cliente (CLV): Representa el valor total que esperas obtener de un cliente a lo largo de su relación con tu negocio. Se calcula sumando todos los ingresos que esperas de un cliente, menos los costos asociados a adquirirlo y atenderlo.
- Tasa de Clics (CTR): Muestra el porcentaje de veces que se hace clic en un enlace respecto al total de impresiones. Se mide dividiendo el número de clics entre el número de impresiones y multiplicando por 100.
- Tasa de rebote: Indica el porcentaje de visitantes que abandonan tu sitio después de ver solo una página. Se calcula dividiendo el número de visitas de una sola página entre el total de visitas.
- Páginas por sesión: Mide el número promedio de páginas que los visitantes ven en una sesión. Se calcula sumando todas las páginas vistas y dividiéndolas entre el número total de sesiones.
- Tiempo promedio en la página: Este KPI indica cuánto tiempo los visitantes pasan en una página específica. Se mide utilizando herramientas de análisis web que rastrean el tiempo de sesión.
- Tasa de crecimiento de seguidores en redes sociales: Mide cómo crece tu audiencia en plataformas sociales. Se calcula comparando el número actual de seguidores con un punto de referencia anterior.
- Engagement en redes sociales: Evalúa la interacción de los usuarios con tu contenido en redes sociales. Se mide sumando todas las interacciones (me gusta, comentarios, compartidos) y dividiéndolas entre el número total de publicaciones.
- Tasa de apertura de Emails: Indica el porcentaje de destinatarios que abren un correo electrónico enviado. Se calcula dividiendo el número de correos abiertos entre el total de correos enviados, excluyendo los rebotados.
- Tasa de clics en emails: Mide el porcentaje de destinatarios que hicieron clic en uno o más enlaces contenidos en un correo electrónico. Se calcula dividiendo el número de clics únicos entre el total de correos abiertos.

- Lead-to-Customer Rate: Mide la eficiencia en convertir prospectos calificados en clientes. Se calcula dividiendo el número total de nuevos clientes adquiridos por el número total de leads generados.
- Customer Retention Rate: Evalúa la capacidad de retener clientes a lo largo del tiempo. Se calcula dividiendo el número de clientes al final de un período por el número total de clientes al inicio del período, excluyendo nuevos clientes.
- Net Promoter Score (NPS): Mide la disposición de los clientes a recomendar tu producto o servicio. Se calcula preguntando a los clientes su probabilidad de recomendar tu negocio en una escala de 0 a 10 y clasificándolos como promotores, pasivos o detractores.
- Costo por Lead (CPL): Indica el costo de generar un nuevo lead para tu negocio. Se calcula dividiendo el costo total de tus campañas de generación de leads por el número total de leads generados.
- Porcentaje de ingresos provenientes de clientes nuevos: Muestra la contribución de los nuevos clientes a tus ingresos totales. Se calcula dividiendo los ingresos de clientes nuevos por los ingresos totales.
- Porcentaje de ingresos provenientes de clientes recurrentes: Este KPI destaca la importancia de la retención de clientes. Se calcula de manera similar al anterior, pero enfocándose en los ingresos generados por clientes existentes.
- Tasa de Abandono del Carrito de Compras: Especialmente relevante para el e-commerce, mide el porcentaje de usuarios que agregan productos al carrito pero no completan la compra. Se calcula dividiendo el número de transacciones incompletas por el total de carritos creados.
- Tiempo hasta la conversión: Evalúa el tiempo que tarda un lead en convertirse en cliente desde su primer contacto. Es útil para entender la longitud de tu ciclo de ventas.
- Ratio de Click-to-Open en Emails: Ofrece una visión más detallada de la interacción con tus correos electrónicos, calculando la tasa de clics únicamente entre los que abrieron el correo.
- Share of Voice (SOV): Mide la presencia de tu marca en el mercado en comparación con tus competidores, basándose en la visibilidad en medios digitales, menciones en redes sociales y cobertura de prensa.

Para asegurarte de que tu sistema de atracción está bien calibrado, piensa como un científico que realiza experimentos: prueba, observa y ajusta. Recuerda, no hay fracasos, solo aprendizajes.

Es importante mantener una mentalidad abierta y experimental. Imagina que estás en un laboratorio, cada estrategia es un experimento y cada resultado, ya sea positivo o negativo, te brinda información valiosa.

Veamos algunas preguntas clave que podrían guiarte en este proceso:

¿De dónde provienen principalmente tus clientes? Esta pregunta te ayudará a identificar los canales más efectivos y a invertir más recursos en ellos.

¿Cuál es el costo de adquirir un cliente en cada canal? Comparar estos costos te permitirá optimizar tu presupuesto de marketing.

¿Qué tipo de contenido o campaña genera mayor engagement con tu audiencia? Esta información es crucial para refinar tu estrategia de contenido y asegurarte de que estás proporcionando valor a tu audiencia.

Sistema de atracción orgánico vs sistema de atracción pagado.

Cuando se trata de construir tu sistema de atracción, es esencial considerar tanto los canales orgánicos como los pagados. Ambos enfoques son compatibles y pueden complementarse entre sí. Sin embargo, al comenzar a validar tu modelo de negocio, mi consejo es iniciar con un presupuesto limitado, centrándote primero en tácticas orgánicas. Esto te permite ajustar y refinar tu estrategia antes de invertir más recursos.

Por ejemplo, si estás contemplando un lanzamiento como parte de tu estrategia de atracción, considera primero realizar un lanzamiento semilla o uno pionero. Esta aproximación de bajo riesgo te permite evaluar el interés y la recepción del mercado antes de comprometerte a una campaña a gran escala. Del mismo modo, si estás pensando en organizar un taller o webinar, intenta primero validar el interés en el tema con una sesión piloto o una encuesta.

Este enfoque gradual no solo es prudente desde el punto de vista financiero, sino que también te brinda insights valiosos sobre tu audiencia. Aprenderás qué resuena con ellos, lo que te permitirá afinar tu mensaje y oferta para cuando estés listo para escalar tus esfuerzos de marketing.

En resumen, mientras que los sistemas de atracción pagados ofrecen la posibilidad de un crecimiento rápido, los métodos orgánicos te proporcionan una base sólida sobre la cual puedes construir. Al comenzar con pequeños experimentos y validaciones, aseguras que cada paso que das esté respaldado por una comprensión clara de tu mercado, maximizando así la eficacia de tus esfuerzos de atracción a medida que avanzas.

Como producto de nuestro esfuerzo en la etapa de acción/aceleración, tenemos dos opciones: descubrimos nueva información que nos puede ayudar a mejorar cualquiera de nuestras variables, en ese caso y con ese feedback, volvemos a la etapa de transformación para generar una nueva oferta para validar y la segunda opción, logramos confirmar nuestras hipótesis, en ese caso, estamos listos para avanzar en la siguiente fase: optimizar nuestros resultados.

Una parte crucial es la toma de decisiones. Debemos ser valientes para escalar lo que funciona, llevándolo hacia la siguiente fase, y humildes para revisar lo que no, regresándolo a la etapa de Transformación. Esta dinámica de avance y revisión garantiza que nuestro negocio permanezca ágil y adaptativo.

A continuación te presento un esquema de la importancia de validar y la toma de decisiones dentro de nuestra metodología:

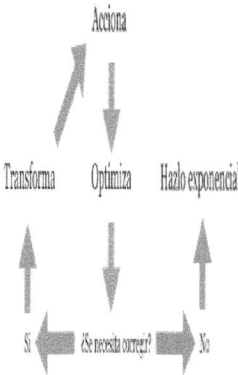

Etapa de optimización

Todo se puede mejorar.

En esta etapa, tenemos mucha más claridad sobre nuestra oferta, sabemos que el nicho que hemos elegido es el correcto, que el cliente está dispuesto a pagar por la transformación que le planteamos y contamos con un servicio capaz de transportar al cliente entre ese 'antes' y el 'después', casi estamos listos para multiplicar nuestros resultados, pero antes de esto, tenemos que optimizarlos, ¡Aún nos queda cosas por aprender!

Y es que recordemos que en la etapa anterior, diseñamos experimentos para validar nuestras hipótesis, pero esta validación fue una 'oferta mínima viable' lo suficientemente sólida para generar ventas pero aún susceptible a mejoras.

Lo que hemos comprobado que funciona, ahora hay que pulirlo y prepararlo para el escalamiento.

Por eso la fase de Optimización nos invita a mirar nuestro negocio bajo una lupa, identificando oportunidades de mejora en cada variable. Este enfoque integral nos desafía a superar el ego, ese obstáculo sutil pero poderoso que a menudo nos impide ver más allá de nuestras soluciones iniciales. Reconocer que siempre hay margen para mejorar es el primer paso hacia un crecimiento significativo. Y es que, en este punto, ya hemos logrado nuestras primeras ventas y podemos pensar que tenemos todo resuelto, pero no.

En esta etapa, continuamos con una mentalidad experimental, tratando cada aspecto de nuestro negocio como un laboratorio. Los datos y el feedback de los clientes se convierten en nuestros mejores aliados, guiándonos hacia ajustes informados y estratégicos. No se trata solo de cambiar por cambiar, sino de hacer cambios basados en evidencia clara y objetiva. Esto también marca una diferencia entre ser perseverante y ser terco: la mentalidad orientada al aprendizaje y a la optimización nos lleva a aplicar una perseverancia inteligente, a no cometer los mismos errores y a amplificar lo que funciona.

A diferencia de la etapa anterior, donde el objetivo de nuestros experimentos eran comprobar nuestra hipótesis, en esta etapa se trata de pulir nuestros sistemas de atracción y conversión, así como la entrega de nuestros servicios.

El objetivo final de la Optimización no es solo perfeccionar nuestro sistema actual, sino también prepararnos para el crecimiento exponencial. Al pulir nuestros procesos y ofertas, nos aseguramos de que nuestro negocio no solo sobreviva, sino que prospere en un mercado en constante evolución.

Al final del día, la optimización es una expresión de nuestro compromiso no solo con nuestro negocio, sino también con nuestros clientes, asegurando que siempre les ofrecemos lo mejor de nosotros.

Optimiza el ROAS de tus campañas

Paa empezar con nuestra labor de optimizar el ROAS de nuestras campañas necesitamos primero entender de qué se trata esta métrica y su diferencia del ROI.

ROI, o Retorno de la Inversión, nos proporciona una visión integral del éxito de nuestras campañas al comparar el beneficio neto obtenido con el costo total invertido. Esta métrica es esencial para evaluar la rentabilidad general de nuestras iniciativas de marketing y tomar decisiones informadas sobre futuras inversiones.

Por otro lado, el ROAS, o Retorno sobre el Gasto en Publicidad, se centra específicamente en la eficacia de nuestros gastos en publicidad. Al medir los ingresos generados por cada dólar gastado en anuncios, el ROAS nos ayuda a entender qué tan bien están funcionando nuestras campañas publicitarias específicas. A diferencia del ROI, que considera todos los costos asociados a una campaña, el ROAS se concentra exclusivamente en la inversión publicitaria, lo que lo convierte en una herramienta clave para ajustar y optimizar el gasto en publicidad.

Además, analizar nuestro embudo de ventas en detalle nos permite identificar los puntos en los que los potenciales clientes abandonan el proceso de compra. Este análisis es crucial para descubrir los "cuellos de botella" que impiden una mayor conversión y para implementar soluciones dirigidas a mejorar la experiencia del cliente y, en última instancia, aumentar las ventas. Al identificar los obstáculos en nuestro embudo de ventas, podemos tomar decisiones basadas en datos para optimizar nuestras estrategias de marketing y maximizar el retorno de nuestra inversión.

Poder medir el ROAS de nuestras campañas nos ayuda a tangibilizar nuestras estrategias y concentrarnos en un objetivo clave de optimización orientada a resultados: obtener cada vez más ventas con nuestro propuesto, hacer rendir nuestro dinero y también nuestro esfuerzo, además de ayudarnos a establecer de manera técnica los presupuestos a invertir para alcanzar nuestras metas y hacer proyecciones para campañas futuras.

A continuación un ejemplo práctico del ROAS y cómo la optimización puede hacer grandes cosas por nosotros.

Supongamos que fijamos el ticket promedio de nuestros servicios en $1000,00 USD y que invertimos $1500,00 en pauta publicitaria y estos son nuestros KPIs actuales:

Costo por mil impresiones	$3,50
# Impresiones	500,000
CTR (% clics x 1000 impresiones)	1%
No. de Clics	5000
% de Leads	10%
# Leads	500
Costo por Lead	$3,00
% Leads Cualificados	20%
Leads cualificados	100
% de cierres	20%
Ventas Totales	20
Total Revenue	$20,000
ROAS	13,33

La importancia de identificar las etapas de nuestro embudo radica en que ahora podemos establecer acciones para optimizarlo, en este ejemplo puntual, que el ROAS sea de 13,33 significa que por cada dólar invertido en publicidad, la marca genera $13,33 USD de retorno, muy bueno, ¿cierto?.

Ahora, cada etapa es susceptible de optimización, por ejemplo, para pasar del 10% al 13% en el número de leads, podría involucrar mejoras en los llamado a la acción del landing page o en un re-diseño de la landing page de registro, haciéndola más persuasiva, usando palabras claves más atractivas para el buyer persona, así mismo, aumentar del 20% al 30% los leads cualificados podría ser el resultado de una mejor segmentación al momento de pautar o a la mejora del contenido en redes sociales utilizando palabras claves más específicas y relevantes para el perfil puntual que queremos atraer, con mayor nivel de consciencia del problema que queremos solucionar y por tanto más preparados para una venta.

¿Qué sucede con los resultados y el ROAS si logramos mejorar en estos dos puntos de nuestro embudo?

Costo por mil impresiones	$3,50
# Impresiones	500,000
CTR (% clics x 1000 impresiones)	1%
No. de Clics	5000
% de Leads	13%
# Leads	650
Costo por Lead	$2,31
% Leads Cualificados	30%
Leads cualificados	195
% de cierres	20%
Ventas Totales	39
Total Revenue	$39,000
ROAS	26

Como puedes revisar en la nueva tabla, esta optimización generó un ingreso adicional de $19,000 USD, con la misma inversión de pauta digital, solo entendiendo los puntos relevantes en el embudo y estableciendo acciones para generar mejoras y luego, por supuesto, medir los resultados.

Esta mejora también se puede evidenciar en el incremento del ROAS, de un ROAS de 13,33 a uno de 26, es decir, 26 USD por cada 1 USD invertido en publicidad.

Llegar a este nivel de optimización no es sencillo pero sería imposible de lograr si no establecemos los KPIs de nuestro embudo y no conocemos el comportamiento de nuestros prospectos en cada 'filtro' del proceso.

La medición del ROAS se debe hacer por embudo y por servicio, porque cada servicio puede tener un distinto retorno y entender las matemáticas de nuestro escalamiento, pero no pierdes de vista tu primera misión: Entender cual es tu punto de partida y empezar a medir todo, desde lo poco que estés haciendo ahora, tienes que medirlo.

BONUS ACCIONABLE

Accede a una plantilla en Excel para que puedas hacer tus propias proyecciones y calcules el ROAS de tu embudo.

Solo ingresa a

https://www.CobraLoQueRealmenteVales.com/bonus y sigue las instrucciones.

Te comparto algunos tips de cómo optimizar las principales etapas de tu embudo, pero recuerda que los sistemas van evolucionando y lo más importante, en este punto, es que desarrolles una mentalidad orientada a medirlo todo y, por supuesto, a optimizarlo.

Costo por mil impresiones

El costo por mil impresiones (CPM) varía según el objetivo de la campaña publicitaria; a mayor conversión, mayor será el costo. Por ejemplo, el CPM de una campaña orientada a ventas o conversiones podría ser de 6 USD, mientras que para campañas de reproducción de vídeo o interacción, el CPM podría ser tan solo de 0,50 USD. Para optimizar este valor, es clave mejorar la calidad del anuncio, lo que puede incluir desde mejorar el texto hasta asegurar que los primeros 3 segundos de un vídeo capten la atención, creando así contenido que interrumpa el desplazamiento habitual en la pantalla (Contenido 'rompe scroll'). Además, el uso de palabras clave y la resonancia con experiencias o problemas específicos del buyer persona pueden elevar significativamente la calidad del anuncio. En un mar de contenido genérico, los anuncios personalizados y relevantes destacan y capturan la atención del público objetivo.

CTR (Click Through Rate)

La tasa de clics (CTR) es un indicador clave del rendimiento de tus anuncios, reflejando la proporción de usuarios que hacen clic en un anuncio respecto al total de impresiones. Un CTR elevado indica que el anuncio es relevante y atractivo para tu audiencia objetivo. Mejorar el CTR implica optimizar elementos como el título, la descripción y las imágenes utilizadas, asegurándose de que sean llamativos y pertinentes para las necesidades e intereses del público. Una estrategia efectiva para aumentar el CTR incluye la segmentación precisa de la audiencia y el uso de llamadas a la acción claras y convincentes.

Una forma efectiva de mejorar el CTR es mediante la implementación adecuada de llamadas a la acción (CTA). Un CTA es un elemento clave en tus anuncios o contenido digital que invita a los usuarios a tomar una acción específica, como "Comprar ahora", "Suscribirse" o "Más información". Estos deben ser claros, concisos y atractivos, guiando al usuario hacia el próximo paso deseado en su viaje de cliente. Al optimizar tus CTA, asegurándote de que sean relevantes y visibles, puedes incrementar significativamente el CTR, mejorando así el rendimiento general de tus campañas publicitarias.

Algunos errores a evitar en tus CTA:

Vago: "Haz clic aquí".
Mejor: "Descubre más sobre cómo podemos ayudarte".
Demasiado largo: "Haz clic aquí para empezar tu prueba gratuita de 30 días ahora mismo".
Mejor: "Inicia tu prueba gratuita ahora".
No específico: "Continuar".
Mejor: "Ver planes de precios".
Falta de urgencia: "Aprende más".
Mejor: "Compra hoy y ahorra un 20%".
Demasiado técnico: "Enviar solicitud de procesamiento".
Mejor: "Solicita tu consulta gratuita".
Genérico y sin acción clara: "Leer más".
Mejora: "Descubre historias de éxito".
Orientado a la empresa, no al cliente: "Nuestros productos".
Mejora: "Encuentra tu solución perfecta".
Sin beneficio claro: "Enviar".
Mejora: "Obtén tu guía gratuita ahora".

% de conversiones o leads

Una vez el usuario ha dado clic en nuestra web o landing page (es el caso del ejemplo que estamos analizando) y tenemos que asegurarnos de obtener una gran cantidad de leads cualificados, para esto toma en cuenta las siguientes recomendaciones:

- Diseño claro y atractivo: La landing page debe tener un diseño claro y atractivo que transmita el valor de tu servicio de manera instantánea. Usa imágenes de alta calidad, un lenguaje conciso y una tipografía legible.

- Oferta irresistible: La oferta que se presenta en la landing page debe ser irresistible para tu buyer persona. Enfócate en los beneficios que obtendrán al contratar su servicio y utiliza un lenguaje persuasivo.

- Formulario de contacto sencillo: El formulario de contacto debe ser lo más sencillo posible para no disuadir al usuario de completarlo. Solo solicita la información indispensable para contactarlo y asegúrate de que el proceso sea rápido y fácil.

- Llamada a la acción clara: La landing page debe incluir una llamada a la acción clara que indique al usuario qué debe hacer a continuación, como "Descargar guía gratuita" o "Solicitar una consulta"

- Pruebas y análisis: Es importante realizar pruebas A/B con diferentes elementos de la landing page para determinar qué funciona mejor y optimizar continuamente su rendimiento.
- Utilizar un título convincente: El título debe captar la atención del usuario y comunicar el valor de su servicio.
- Incluir testimonios de clientes: Los testimonios de clientes satisfechos pueden aumentar la confianza en su servicio y la probabilidad de conversión.

También es importante evitar ciertos errores, te comparto algunos de los que me suelo encontrar más a menudo y que generan fricción con el cliente potencial.

- Utilizar un diseño confuso o abarrotado: Un diseño confuso o abarrotado puede disuadir al usuario de leer el contenido de la landing page y completar el formulario de contacto.
- No ofrecer una propuesta de valor clara: Es importante comunicar claramente el valor de su servicio y cómo puede beneficiar al usuario.
- Solicitar demasiada información en el formulario de contacto: Solicitar demasiada información puede disuadir al usuario de completar el formulario, esto tiene una excepción y es cuando tu servicio es de un nicho tan específico que quieres utilizar precisamente el formulario para generar fricción a propósito y filtrar los leads de esta manera, pero para poder aplicar esto, necesitarías estar generando un volumen muy alto de clics a nivel de publicidad para que este filtro no te deje sin leads.

Desarrolla tus habilidades de CRO (Conversion Rate Optimization)

La Optimización de la Tasa de Conversión (CRO) es un pilar fundamental en nuestra metodología, enfocándonos en maximizar la eficiencia de cada etapa del proceso para convertir visitantes en clientes leales. Esta práctica se entrelaza de manera intrínseca con todo el trabajo previo, desde captar la atención de la audiencia correcta hasta presentar una propuesta de valor convincente y transformadora. Adoptar una mentalidad centrada en la CRO significa comprometerse a una mejora continua, siempre basada en datos sólidos y en el feedback auténtico de los usuarios.

Para sumergirnos en la CRO, primero debemos entender que cada interacción con el cliente es una oportunidad para aprender y perfeccionar. Esto implica analizar meticulosamente cómo los usuarios interactúan con nuestro sitio web, nuestras campañas publicitarias y nuestro contenido. ¿Dónde hacen clic? ¿Qué ignoran? ¿En qué punto abandonan el proceso de compra? Estas preguntas nos guían en el proceso de afinar cada elemento de nuestra estrategia.

Además, la CRO no se trata solo de cambiar colores de botones o de modificar llamados a la acción; se trata de entender profundamente las necesidades y comportamientos de nuestros clientes. Esto puede implicar ajustes en la oferta misma, asegurándonos de que lo que prometemos resuene con lo que nuestros clientes realmente valoran y necesitan.

Implementar pruebas A/B es también una táctica clave en la CRO. Nos permite comparar diferentes versiones de una página o elemento para determinar cuál funciona mejor. Pero recuerda, cada prueba debe ser bien pensada, con un objetivo claro y basada en hipótesis fundadas en insights previos.

Por último, la CRO es un ciclo sin fin de aprendizaje y adaptación. Lo que funciona hoy puede no funcionar mañana, por lo que debemos estar siempre atentos, listos para iterar y evolucionar. Este enfoque no solo mejora nuestras tasas de conversión, sino que también enriquece la experiencia general del cliente, lo que a su vez fomenta la lealtad y el crecimiento a largo plazo.

% de leads cualificados

Esta métrica es, más bien, una consecuencia de las anteriores optimizaciones, si mejorar el CPM y mejoras el CTR de tu embudo mediante mensajes relevantes y específicos y apelando a situaciones particulares de tu audiencia, entonces lograrás un porcentaje mayor de leads cualificados. Ahora, esta métrica te puede dar un falso negativo si no tienes un mecanismo correcto para cualificar leads.

Lead scoring: la clave para enfocarte en los leads que sí importan

El lead scoring es una estrategia fundamental para optimizar tu embudo de ventas y aumentar tus conversiones. Se trata de asignar una puntuación a cada lead en función de su comportamiento e información, permitiéndote identificar aquellos con mayor potencial de compra.

¿Cómo funciona?

1. Establece criterios de puntuación: Define qué acciones y características son relevantes para cada etapa del embudo de ventas. Asigna puntos a cada criterio.
2. Utiliza herramientas de lead scoring: Existen plataformas que automatizan este proceso, facilitando la gestión de tus leads.
3. Prioriza tus leads: Enfócate en los leads con mayor puntuación, ya que son los más propensos a convertirse en clientes.

Te comparto un ejemplo:

Este ejemplo se basa en una empresa de software de gestión de proyectos, la cual es una organización con 20 empleados que buscan mejorar la eficiencia y la colaboración en sus proyectos.

Criterios de puntuación:

Etapa de conocimiento:

- Descarga de ebook sobre gestión de proyectos (5 puntos)
- Suscripción a blog (2 puntos)
- Visita a la página de precios (3 puntos)

Etapa de consideración

- Solicitud de demostración del software (10 puntos)
- Participación en un webinar (5 puntos)
- Interacción con contenido en redes sociales (2 puntos)

Etapa de decisión:

- Contáctanos por teléfono (15 puntos)
- Solicita una cotización (10 puntos)
- Visita la página de preguntas frecuentes (2 puntos)

Lead scoring en acción:

Un lead que ha descargado un ebook (5 puntos), se ha suscrito al blog (2 puntos) y ha solicitado una demostración del software (10 puntos) tendrá una puntuación total de 17 puntos. Este lead se considera "caliente" y debe ser priorizado por el equipo de ventas.

Beneficios del lead scoring:

- Ahorra tiempo y recursos: Te permite enfocarte en los leads que realmente importan.
- Aumenta las ventas: Te ayuda a cerrar más acuerdos al dirigirte a los leads con mayor potencial.
- Mejora la eficiencia del marketing: Te permite optimizar tus campañas y generar leads más relevantes.
- Toma decisiones más informadas: Te ayuda a comprender mejor el comportamiento de tus leads y sus necesidades.

% de cierres de venta

Has pulido tu maquina de atracción de prospectos, tu landing page es irresistible, tus leads fluyen hacia tu embudo de ventas. Pero ahora llega el momento crucial: convertir esos leads en clientes felices.

Muchos vendedores se embarcan en esta etapa con ímpetu y entusiasmo, creyendo que la clave reside en su capacidad de oratoria. Sin embargo, la verdadera magia de la venta no reside en las palabras que tú dices, sino en las preguntas que sabes hacer. Un buen vendedor es un maestro del interrogatorio, no un monologuista. A través de preguntas cuidadosamente formuladas, puedes:

- Desvelar las necesidades y deseos más profundos del cliente.
- Construir una conexión de confianza y empatía.
- Guiar al cliente hacia la solución que mejor se adapta a su situación.
- Manejar las objeciones de forma natural y efectiva.

Olvida los scripts rígidos y las técnicas de presión. La venta moderna se basa en la escucha activa y la conversación inteligente.

Imagina una conversación con un cliente potencial:

- Tú: "¿Podrías contarme un poco sobre los desafíos que estás enfrentando en este momento?"

- Cliente: "Bueno, estamos teniendo problemas para mantenernos al día con la competencia. Necesitamos una forma de aumentar nuestra eficiencia y productividad."
- Tú: "¿Qué tipo de soluciones has probado hasta ahora?"
- Cliente: "Hemos probado algunos softwares, pero no hemos encontrado nada que realmente funcione para nosotros."
- Tú: "¿Cuál sería la situación ideal para ti? es decir, ¿Qué cosas te harían sentir que ese problema es cosa del pasado?"
- Cliente: "Me gustaría tener una herramienta que nos ayude a automatizar tareas, mejorar la comunicación y optimizar nuestro flujo de trabajo."

En este breve intercambio, has logrado:

- Descubrir las necesidades del cliente.
- Comprender sus frustraciones y deseos.
- Posicionarte como un aliado que busca ayudarlo.

A partir de este punto, puedes presentar tu producto o servicio como la solución mágica que el cliente anhela.

Las preguntas son la llave que abre la puerta a la mente del cliente. Te permiten entender su mundo, sus problemas y sus sueños. Con esta información en tus manos, puedes convertirte en un guía confiable que lo conduce hacia la mejor solución.

No te limites a una lista de preguntas predefinidas, puedes usarlas como referencia pero es importante ser flexible y adaptarte a la conversación. También puedes utilizar estas respuestas para generar nuevas preguntas y adentrarte más profundamente en las necesidades del prospecto.

Además de ayudarte a conocer las necesidades de tu prospecto, hacer preguntas también te ayudará a generar una atmósfera de confianza y empatía donde el cliente se sienta cómodo para compartir sus necesidades.

El trabajo de optimización, desde esta perspectiva, consiste en pulir nuestro script de ventas, retroalimentándolo con las preguntas que mejores resultados nos van dando en la práctica.

El seguimiento también es una parte vital de este proceso ya que ayuda a mantener el interés del cliente y a construir una relación duradera. A menudo, los clientes necesitan tiempo para reflexionar sobre su decisión de compra, y un seguimiento oportuno puede ser el recordatorio que necesitan para avanzar. Además, el seguimiento permite abordar cualquier pregunta o preocupación adicional que pueda haber surgido, demostrando tu compromiso con su satisfacción.

Es un error común pensar que el seguimiento puede ser percibido como molesto. En realidad, cuando se hace de manera considerada y profesional, el seguimiento puede ser visto como un valor añadido, mostrando que te preocupas por las necesidades del cliente más allá de la venta inicial. De hecho, muchos clientes aprecian el seguimiento, ya que les proporciona la oportunidad de hacer preguntas adicionales y aclarar dudas.

Las estadísticas respaldan la importancia del seguimiento; por ejemplo, se ha encontrado que la mayoría de las ventas se realizan después de varios contactos con el cliente. Un estudio reveló que el 80% de las ventas requieren al menos cinco seguimientos después del primer encuentro. Esto subraya que lejos de ser una molestia, el seguimiento es una parte esencial de un proceso de ventas exitoso, y omitirlo puede significar perder oportunidades valiosas.

BONUS ACCIONABLE #1

Accede al pdf "100 preguntas esenciales para hacer en tu proceso de ventas" completamente gratis. Solo ingresa a

https://www.CobraLoQueRealmenteVales.com/bonus y sigue las instrucciones.

BONUS ACCIONABLE #2

Accede a una plantilla gratis para que puedas gestionar el seguimiento de tus prospectos utilizando Notion como CRM completamente gratis.

Solo ingresa a

https://www.CobraLoQueRealmenteVales.com/bonus y sigue las instrucciones.

¡Hazlo exponencial!

Es tiempo de multiplicar los resultados..

Hemos llegado a la parte final del proceso, luego de validar nuestra propuesta de valor y de tener nuestro ROAS optimizado, es tiempo de escalar nuestras campañas, todo este conocimiento adquirido se vuelve, básicamente un súper poder para tu negocio de servicios digitales.

Quiero que te des cuenta de algo, hemos empezado primero por entender, aprender y optimizar ese conocimiento y luego aprovechar eso para poder multiplicarlo aprovechándose de todos los recursos que el internet nos provee. Este orden de cosas es lo que te permitirá alcanzar el éxito, fíjate que la mayoría de las personas hace las cosas al revés, tiene una idea y se vuelca directo a comunicar y pautar en instagram o en google o aplicar las últimas tendencias en audios virales para Reels o Tik Tok. No te digo que esto esté mal, te digo que no es lo más importante al inicio ya que te puede dar un falso positivo o un falso negativo.

El falso positivo

Te viralizaste porque usaste alguna técnica de tendencia, sea una técnica ética o un clic bait, ganas seguidores, tienes muchas reproducciones pero… ¡no vendes!

O al momento de vender, tu audiencia no está cualificada para un servicio que realmente sea de impacto.

Esto se suele dar porque al no haber pasado por un proceso consciente de elección de buyer persona, de validar modelo de negocio, de generar una primera venta para ir confirmando que existen personas dispuestas a pagar por nuestra solución, entonces solo nos hemos enfocado en métricas de vanidad (followers, likes, etc), y de eso no vivimos.

Habrás invertido dinero y tiempo y al final, corres el riesgo de volver al mismo lugar en el que empezaste, sin contar con el golpe psicológico que significa un intento fallido.

El caso del falso negativo

Ahora imagina esto: Tienes un buen modelo de negocio, pero no haz validado tu sistema de atracción y te fuiste directamente a la pauta digital, a buscar la masividad, pero, al no tener claro que plataforma o qué palabras usa tu buyer persona, te resulta difícil crecer, si no creces, en consecuencia, no vendes y puedes llegar a descartar un modelo de negocio o un servicio con mucho potencial porque te fuiste directamente a tratar de volverlo exponencial sin primero validar cada variable o hacer pequeños experimentos, ya sea en fase de acción o de optimización.

Para evitar caer en el error de descartar prematuramente un modelo de negocio viable, es crucial no apresurarse a escalar sin antes haber validado cada aspecto de tu oferta. La tentación de pasar directamente a la venta masiva puede ser grande, especialmente cuando se confía plenamente en el potencial del negocio. Sin embargo, la falta de validación puede conducir a falsos negativos, donde una buena idea se abandona erróneamente debido a resultados insatisfactorios en una etapa temprana. La clave es realizar pruebas cuidadosas y ajustes basados en datos reales para comprender verdaderamente las necesidades y preferencias de tu público objetivo antes de intentar expandirte.

Los flyers y la viralidad

Para entender cómo funciona la viralización, quiero hacerte una comparación con una situación común, aquí te va:

Imagínate que vas por la calle y hay un repartidor de flyers o volantes, como les llames en tu país, estas hojas pequeñas con información sobre algún negocio. Entonces, tienes dos opciones: La recibes o no, si eres de los que recibe los flyers es probable que lo hagas por compromiso o por no dejar a la persona con la mano estirada, pero es poco probable que lo hagas porque te encante recibir flyers. Desde el punto de vista publicitario, debemos cruzar los dedos porque las personas que, por la razón que sea, aceptaron el flyer lo lean y no acabe hecho un bulto en sus bolsillos, si esto ya sería un triunfo para nosotros, ¿te imaginas que alguien, además de leer el flyer, le diga al repartidor que le de unos 300 flyers para repartirlos gratis a tus amigos y familiares y si a alguno de ellos le gusta, proceda también a pedir 300 más y así sucesivamente?

Si, lo se, eso no pasa en la vida real, pero en el mundo digital si sucede, cuando nuestro contenido es relevante, este se comparte, sea por otras personas o como premio mediante el algoritmo de las redes sociales, esto es algo poderosísimo pero lamentablemente la mayoría no lo aprovecha y es que, para que algo crezca de manera exponencial debe ser relevante y la relevancia es subjetiva a cada persona, precisamente eso busca las primeras etapas del método TAOx, validar nuestra propuesta de valor y confirmar que lo que tenemos para ofrecer es realmente del interés de nuestra audiencia potencial, así mismo, comprender sus dudas, dolores, necesidades, limitaciones, sueños y aspiraciones para retroalimentar con esta información a nuestra estrategia de contenido.

Hablemos de Marketing Exponencial

Has llegado al final de este viaje transformador, donde tu propuesta de valor ha resurgido con un potencial exponencial. Ahora, estás listo para conquistar el mercado digital con las armas más poderosas del Marketing Exponencial y el primer paso es la creación de contenido exponencial.

Generación de contenido exponencial:

Olvídate del contenido aburrido y repetitivo. El marketing exponencial exige piezas de valor relevantes, capaces de conectar con las emociones y necesidades de tu audiencia. Aprende a crear contenido atractivo en diversos formatos, desde artículos y vídeos hasta ebooks y webinars, adaptándote a las preferencias de tu público objetivo.

¿Por dónde empezar?

En este punto ya validaste tu propuesta de valor y conoces bien a tu audiencia, por tanto, usa esa información y la de tus primeros clientes para conocer sus intereses, necesidades y hábitos de consumo online. ¿Qué les apasiona? ¿Qué tipo de contenido buscan? Solo así podrás crear piezas que realmente les resuenen.

- Desarrolla un título irresistible: El primer paso para captar la atención de tu público es un título atractivo y magnético. Invierte tiempo en crear un título que destaque y despierte la curiosidad de los lectores.
- Escribe con pasión y claridad: Tu contenido debe ser informativo, útil y fácil de leer. Utiliza un lenguaje sencillo y directo, evitando tecnicismos innecesarios que puedan confundir a tu audiencia.
- Cuida la estética: La presentación también importa. Crea contenido visualmente atractivo con imágenes de alta calidad, tipografías legibles y un diseño armonioso.
- Promociona tu contenido: No basta con crear contenido de calidad, hay que hacerlo visible. Comparte tus piezas en redes sociales, email

marketing, publicidad online y otras plataformas relevantes para llegar a tu público objetivo.

La clave del éxito en el marketing de contenidos es la consistencia. Publica regularmente contenido de valor para mantenerte presente en la mente de tu audiencia y construir una sólida reputación como experto en tu nicho.

Ejemplos:

- Blog: Crea un blog con artículos informativos y útiles que respondan a las preguntas de tu público objetivo.
- Vídeos: Desarrolla tutoriales, entrevistas o demostraciones de tus productos o servicios en formato vídeo para conectar con tu audiencia de forma más visual.
- Ebooks: Ofrece ebooks gratuitos o de pago con contenido de alto valor para convertirte en una fuente de conocimiento y confianza en tu sector.
- Webinars: Organiza webinars en vivo o pre-grabados para compartir tu experiencia y conocimientos con tu público objetivo, generando una interacción más profunda.

El alcance exponencial.

¿Te imaginas amplificar tu voz y llegar a miles, incluso millones de personas? El marketing exponencial te ofrece las herramientas para convertir ese sueño en realidad. A través de estrategias de alcance exponencial, podrás dominar las redes sociales, la publicidad online y el SEO para que tu mensaje resuene en los rincones más lejanos del mundo digital. El alcance exponencial es una consecuencia de la creación de contenido exponencial, si tu contenido es relevante y hace 'clic' con un segmento de la audiencia, entonces las herramientas digitales nos darán todas las herramientas necesarias para que ese alcance crezca de manera exponencial.

La mina de oro: Las ventas exponenciales

Para alcanzar un crecimiento exponencial, es necesario desenterrar el tesoro escondido en las ventas exponenciales: un sistema escalable que te permite convertir leads en clientes apasionados y escalar tu negocio a nuevos horizontes.

¿Qué es un sistema de ventas escalable?

Necesitas convertir tu negocio en una máquina bien engrasada, capaz de convertir prospectos en clientes con una eficiencia sin precedentes. Un sistema de ventas escalable es ese motor de precisión, compuesto por herramientas, procesos y estrategias cuidadosamente diseñadas para:

- Automatizar tareas repetitivas: Libera a tu equipo para que se concentre en actividades de mayor valor, como la generación de leads y la construcción de relaciones duraderas con los clientes.
- Optimizar tu embudo de conversión: Identifica los puntos débiles en tu proceso de ventas y realiza mejoras para aumentar la tasa de conversión, atrayendo más clientes potenciales y maximizando tus ganancias.
- Escalar tu negocio sin límites: Replica el sistema con facilidad a medida que tu empresa crece, sin perder eficiencia ni rentabilidad, expandiendo tu alcance y consolidando tu éxito.

Las cuatro claves para construir un sistema de ventas infalible:

1. Atracción:

- Pesca leads de alta calidad utilizando diversos anzuelos, como marketing de contenidos, redes sociales, publicidad online y eventos.
- Separa el trigo de la cizaña segmentando tu audiencia para identificar a los prospectos con mayor potencial de compra.
- Calienta los leads gradualmente utilizando emails personalizados, contenido descargable y webinars informativos, preparándolos para la siguiente etapa.

2. Nutrición:

- Educa e informa a tus leads sobre tu producto o servicio, convirtiéndolos en conocedores entusiastas.
- Guía a los leads a través del embudo de ventas de forma natural y progresiva, acercándolos a la decisión de compra con confianza y conocimiento.

- Personaliza la experiencia segmentando tus leads por su nivel de interés y comportamiento, proporcionándoles información relevante y útil.

3. Cierre:

- Desarrolla un proceso de ventas convincente que guíe a los leads a través de la toma de decisión con seguridad y claridad.
- Utiliza técnicas de venta persuasivas pero éticas para demostrar el valor de tu producto o servicio, satisfaciendo las necesidades de tus clientes de forma excepcional.
- Ofrece una experiencia de compra memorable que supere las expectativas de tus clientes, creando una base sólida para la fidelización.

4. Fidelización:

- Convierte a tus clientes en apasionados defensores de tu marca, construyendo relaciones duraderas basadas en la confianza y la satisfacción.
- Sorprende y deleita a tus clientes con un servicio al cliente excepcional que supere sus expectativas, generando un vínculo emocional con tu marca.
- Implementa programas de fidelización para recompensar la lealtad de tus clientes y fomentar su regreso constante, impulsando el crecimiento a largo plazo.

Un sistema de ventas escalable no es una fórmula mágica. Requiere de una planificación meticulosa, una implementación consistente y una medición constante de los resultados.

Al dominar las estrategias de ventas exponenciales y construir un sistema escalable, podrás:

- Multiplicar tus ingresos de forma exponencial: Desbloquea un nuevo nivel de crecimiento y lleva tu negocio a nuevas cumbres.
- Reducir tus costos de adquisición de clientes: Optimiza tu proceso de ventas y obtén más clientes con una inversión inteligente.

- Elevar la satisfacción de tus clientes: Ofrece una experiencia de compra excepcional que crea clientes leales y apasionados.
- Escalar tu negocio sin limitaciones: Replica tu sistema de ventas con facilidad a medida que tu empresa se expande, consolidando tu éxito en el mercado.

El éxito en las ventas no se trata de suerte, sino de estrategia, planificación y ejecución. Invierte en construir un sistema de ventas escalable y observa cómo tu negocio se catapulta hacia el éxito.

Las redes sociales son, realmente, una mina de oro que pocos saben explotar, el problema es que el 98% de los jugadores quieren ir directamente a la viralidad sin antes haber desarrollado un producto/servicio que realmente valga la pena, o en otros casos, quieren saltar a la viralidad con un gran producto pero un escaso conocimiento de sus posibles clientes.

Entendiendo al algoritmo

¿Alguna vez te has preguntado qué hace que tu feed de Instagram esté lleno de fotos de gatitos y memes, mientras que el de tu amigo está plagado de contenido fitness y recetas veganas? La respuesta es simple: el algoritmo.

Un algoritmo es como un filtro inteligente que las redes sociales utilizan para mostrarte el contenido que, según creen, te resultará más interesante. Su objetivo principal es mantenerte enganchado a la plataforma, mostrándote contenido que te haga querer seguir navegando, deslizando y haciendo clic.

Pero no te confundas, el algoritmo no es tu enemigo. De hecho, si lo comprendes y lo utilizas a tu favor, puede convertirse en tu mejor aliado para llegar a tu público objetivo y hacer crecer tu marca.

¿Por qué es importante entender al algoritmo?

- Te ayuda a crear contenido que sea más visible para tu audiencia.
- Te permite optimizar tu estrategia de marketing en redes sociales.
- Te ayuda a aumentar el engagement y la interacción con tus publicaciones.
- Te permite aprovechar al máximo las herramientas y funciones de cada plataforma.

Aunque los algoritmos están en constante evolución, siempre se basan en el mismo principio fundamental: filtrar el contenido relevante para cada usuario. El objetivo es crear una experiencia personalizada que mantenga al usuario en la plataforma y evite que se vaya a la competencia.

¿Cómo puedes ayudar al algoritmo a mostrarte contenido relevante?

La clave está en crear contenido útil, atractivo, interesante, entretenido o emocionante para tu audiencia. Recuerda que la "relevancia" es un concepto subjetivo que depende de los intereses de cada usuario.

Aquí tienes algunas recomendaciones para crear contenido que le guste al algoritmo:

1. Conoce a tu público objetivo: Investiga sus intereses, necesidades y hábitos en las redes sociales.
2. Crea contenido de alta calidad: Fotos y vídeos bien cuidados, textos originales y llamativos.
3. Utiliza hashtags relevantes: Investiga los hashtags que utiliza tu público objetivo y añádelos a tus publicaciones.
4. Interactúa con tu audiencia: Responde a los comentarios, haz preguntas y participa en conversaciones.
5. Sé constante: Publica contenido de forma regular para mantenerte visible en el feed de tus seguidores.
6. Experimenta con diferentes formatos: Prueba vídeos, fotos, stories, directos, etc. Para ver qué funciona mejor para tu audiencia.
7. Recuerda: el algoritmo no es un ser perfecto, pero si lo comprendes y lo utilizas a tu favor, puede ayudarte a alcanzar tus objetivos en las redes sociales.

Ahora que ya conoces los secretos del algoritmo, es hora de poner en práctica tu conocimiento y convertirte en un maestro de las redes sociales. Pero recuerda que este es un camino que requiere esfuerzo, paciencia y un poco de creatividad.

Para terminar, te recomiendo:

1. Mantente actualizado: Las redes sociales son un mundo en constante cambio, por lo que es importante estar al día con las últimas

tendencias, plataformas y formatos. Sigue a los expertos, lee blogs especializados y participa en foros para estar siempre a la vanguardia.

2. Sé un detective del análisis: Las herramientas de análisis son tus mejores amigas para comprender cómo funciona el algoritmo y cómo tu audiencia interactúa con tu contenido. Analiza el alcance, las interacciones, el tiempo de visualización y otros datos relevantes para identificar qué funciona y qué no.

3. Experimenta sin miedo: No existe una fórmula mágica para el éxito en las redes sociales. La mejor forma de encontrar lo que funciona para ti es experimentar con diferentes tipos de contenido, formatos, hashtags y estrategias. Prueba cosas nuevas, analiza los resultados y ajusta tu enfoque en base a lo que aprendas.

4. Sé constante: La clave para el éxito en las redes sociales es la constancia. Publica contenido de forma regular para mantenerte visible en el feed de tus seguidores y construir una presencia sólida en línea.

5. Sé tú mismo: No intentes copiar a otros usuarios o crear contenido que no sea auténtico. Tu público objetivo apreciará tu personalidad única y tu voz original.

6. Sé paciente: No esperes resultados inmediatos. Construir una presencia sólida en las redes sociales lleva tiempo y esfuerzo. Sé paciente, sigue aprendiendo y mejorando, y eventualmente verás los frutos de tu trabajo.

Recuerda que el algoritmo no es tu enemigo, sino una herramienta que puedes utilizar a tu favor. Con los consejos que te he dado, estás listo para comenzar tu viaje hacia el éxito en las redes sociales.

Rompe scroll: La clave para la viralidad del contenido en las redes sociales

Ahora que ya sabes de qué va el algoritmo, una clave importante para alcanzar la exponencialidad, utilizando el algoritmo a tu favor, es la generación de contenido 'rompe scroll', publicaciones que, por su originalidad, impacto o ingenio, detienen el avance automático del scroll y hacen que el usuario se detenga a observar, leer e interactuar.

¿Por qué es tan importante el contenido rompe scroll?

Imagina una avalancha de publicaciones homogéneas. De repente, una imagen vibrante, un vídeo inesperado o una pregunta intrigante irrumpen en la monotonía, despertando la curiosidad como un detective ante un misterio. Este contenido rompe scroll no solo se destaca, sino que genera un torbellino de engagement, impulsando "likes", comentarios, compartidos e incluso mensajes directos.

Más allá de la atención individual, este contenido fortalece tu marca como un coloso. Te posiciona como innovadora, creativa y original, elevándote por encima de la competencia y consolidando tu presencia en el mercado. Y como si fuera poco, expande tu alcance como una ola expansiva, ya que las publicaciones con alto engagement son recompensadas por el algoritmo con mayor visibilidad, atrayendo a nuevos usuarios a tu red.

¿Cómo crear contenido rompe scroll que cautive a tu audiencia?

Conviértete en un maestro de la sorpresa. Experimenta con formatos frescos e inesperados: GIFs, memes, vídeos cortos o transiciones creativas que rompan la monotonía del scroll y despierten la curiosidad como un detective ante un enigma. Plantea preguntas intrigantes, utiliza imágenes que inviten a la reflexión o crea acertijos que inciten a la participación, generando un aura de misterio que enganche a tu público.

El storytelling es tu arma secreta. Comparte historias inspiradoras, divertidas o conmovedoras que resuenen con tu público. El humor es un aliado invaluable. Un toque bien utilizado puede hacer que tu contenido sea más atractivo, memorable y compartible, creando una experiencia divertida para tu audiencia.

No olvides el poder de lo visual. Imágenes y vídeos de alta calidad, con una estética atractiva y llamativa, son esenciales para destacar en el feed y atraer la mirada del usuario.

Sé breve y directo. El tiempo de atención en las redes sociales es corto, por lo que tu mensaje debe ser claro, conciso y fácil de entender, transmitiendo tu idea de forma efectiva.

La interacción es clave, por eso, responde a los comentarios, haz preguntas y participa en conversaciones, creando una conexión genuina con tus seguidores.

Utiliza hashtags relevantes como un explorador. Te ayudan a llegar a una audiencia más amplia y conectar con usuarios interesados en tus temas, expandiendo tu alcance y visibilidad.

Monitoriza tus resultados como un científico. Analiza el rendimiento de tu contenido para identificar qué funciona mejor y optimizar tu estrategia, aprendiendo de tus errores y éxitos para mejorar continuamente.

Has llegado a la cima de la montaña. Has escalado con esfuerzo, dedicación y, tal vez, un poco de suerte. Ahora, desde la cima, contemplas el horizonte de posibilidades que se extiende ante ti. Es hora de dar el salto hacia la exponencialidad.

Primero, antes de lanzarte al vacío, recuerda: la base de tu éxito está en la validación. Has validado tu oferta, has escuchado a tu audiencia, has comprendido sus necesidades y deseos. Esa es la brújula que te guiará en tu camino hacia la cima.

Los consejos de este capítulo son como las herramientas de un alpinista: piolets, crampones, cuerdas. Te ayudarán a ascender, pero no te llevarán a la cima por sí solos. La clave está en usarlas con sabiduría, adaptándolas a tu terreno y a tu propio ritmo.

No hay una fórmula mágica para la viralidad. No se trata de encontrar una canción de moda y usarla como anzuelo para un contenido vacío. La viralidad es la consecuencia de crear contenido valioso, relevante y atractivo para tu audiencia.

Recuerda: la métrica más importante es la venta. No te dejes engañar por las métricas de vanidad. El objetivo final es convertir tu contenido en clientes, en ingresos, en crecimiento.

Emprende tu viaje hacia la exponencialidad con pasión, con inteligencia, con una mirada atenta a tu audiencia. Aplica los consejos de este capítulo con creatividad, adáptalos a tu realidad y, sobre todo, nunca dejes de aprender, de crecer, de evolucionar.

Confía en tu talento, en tu esfuerzo, en la conexión con tu audiencia. El camino hacia la exponencialidad está abierto para ti. ¡Adelante!

CAPÍTULO 5

¿Qué es lo que sigue?

Vamos de la teoría hasta la práctica.

Has llegado al final de este viaje. Un viaje que comenzó con una chispa de curiosidad, que se encendió con la llama del conocimiento y que ahora está listo para convertirse en una hoguera de acción y resultados.

Has aprendido los secretos del marketing digital. Has descubierto las claves para crear contenido irresistible que atrae, engancha y convierte. Has comprendido la importancia de construir una marca sólida y una comunidad vibrante. Y, lo más importante, has cambiado el chip.

Ya no eres víctima de la escasez. Ahora sabes que la abundancia es posible, que tienes el poder de crear la vida que deseas.

Es hora de poner en práctica todo lo que has aprendido. Es hora de convertir tu idea en un negocio próspero, de hacer realidad tu sueño de vivir haciendo lo que amas.

El camino hacia la transformación personal y profesional ya está abierto ante ti. Un camino que exige un cambio de mentalidad, un cambio de chip que te impulse a convertirte en un líder de la nueva generación de proveedores de servicio.

Esta nueva generación no se limita a ofrecer soluciones mediocres. No se conforma con vender un producto o servicio sin más. Su enfoque va más allá, se centra en generar un impacto real y tangible en la vida de las personas, en la sociedad en su conjunto.

¿Cómo lo logran? Encendiendo la chispa de la transformación. A través de su trabajo, ayudan a las personas a encontrar la mejor versión de sí mismas, tanto en el ámbito personal como en el profesional.

Imagina a un coach de vida que ayuda a sus clientes a superar sus miedos y alcanzar sus metas. A través de un proceso individualizado, este coach les brinda las herramientas necesarias para desarrollar su potencial y construir la vida que desean.

O piensa en un asesor financiero que ayuda a sus clientes a tomar decisiones responsables con su dinero. Este asesor no solo les ofrece estrategias de inversión, sino que también les enseña a manejar sus finanzas de forma inteligente y alcanzar la seguridad financiera.

Estos son solo dos ejemplos de cómo los proveedores de servicio de la nueva generación están transformando el mundo. A través de su trabajo, inspiran, motivan y empoderan a las personas para que tomen las riendas de su vida y construyan un futuro mejor.

¿Y tú? ¿Quieres ser parte de este movimiento?

Si tu respuesta es sí, te invito a reflexionar sobre las siguientes preguntas:

¿Qué te apasiona? ¿En qué áreas sientes que puedes aportar valor a la sociedad?
¿Qué habilidades y conocimientos tienes para ayudar a las personas a transformarse?
¿Estás dispuesto a comprometerte con este proceso y a trabajar duro para lograr tus objetivos?
Si has respondido afirmativamente a estas preguntas, entonces estás listo para dar el siguiente paso.

Recuerda: el cambio de chip no es un proceso automático. Requiere esfuerzo, dedicación y una mente abierta dispuesta a aprender y a crecer.

Pero el esfuerzo vale la pena. Cuando decides convertirte en un líder de la transformación, no solo impactas positivamente tu propia vida, sino que también contribuyes a construir un mundo más próspero y lleno de oportunidades para todos.

¿Estás listo para encender la chispa de la transformación?

No estás solo. Estoy aquí para apoyarte, para guiarte en este camino. Como agradecimiento por haber llegado hasta el final de este libro, mi equipo de growth marketing y yo te invitamos a una sesión de mentoring en vivo de manera gratuita.

En esta sesión, podrás:

- Responder a todas las preguntas que te haya generado el libro.

- Analizar tu idea de negocio en profundidad.
- Averiguar si tu idea de negocio tiene lo suficiente para participar en nuestro programa de incubación de negocios.

Nuestro programa de incubación es un programa intensivo de 120 días enfocado en escalar tus resultados. Te brindaremos acompañamiento personalizado, estrategias probadas y acceso a una comunidad de emprendedores apasionados como tú.

Si tu negocio cumple con los requisitos para participar en nuestro programa de incubación, además de todos los recursos y el acompañamiento personalizado, te compartiremos nuestros propios sistemas internos de crecimiento para poderlos duplicar en tu marca y puedas alcanzar grandes resultados en un periodo corto de tiempo.

¿Estás listo para dar el siguiente paso?

Reserva tu sesión de mentoring ahora mismo. [Insertar link para reservar sesión]

No importa si tu idea es pequeña o grande, si estás empezando o ya tienes un negocio en marcha. Lo que importa es que tengas la determinación de convertir tus sueños en realidad.

Juntos, vamos a hacer que las cosas sucedan.

¡Te espero en nuestra sesión en vivo!

SOBRE EL AUTOR

Erick Terranova

Nació en Guayaquil, Ecuador, se graduó en Ingeniería en Producción y Dirección Multimedia y obtuvo una Maestría en Diseño y Gestión de Marcas. Tuvo su primera experiencia empresarial en el ámbito publicitario en 2013 cuando fue nombrado Gerente General de su primera agencia de publicidad.

En la siguiente década, ayudó a más de 5000 dueños de negocios a mejorar sus ventas digitales a través de su empresa de consultoría y su agencia de growth marketing. En 2023, desarrolló la metodología TAOx para ayudar a consultores, coaches y agencias de marketing a desarrollar servicios que atraigan clientes de alto valor, y ese mismo año fundó TAOx Growth Center para alcanzar este objetivo.

Actualmente, se dedica a asistir tanto a empresarios como a consultores a dejar de competir por precio y atraer clientes de alto valor, a través de sus programas de consultoría y su agencia de growth marketing.

Mantengamos contacto:

Instagram: @EFTerranova

Linkedin: https://www.linkedin.com/in/efterranova/

www.taox.center

www.metaforads.com

www.ingramcontent.com/pod-product-compliance
Lightning Source LLC
Chambersburg PA
CBHW071102240526
45471CB00016B/2306